清华北大学霸

向上的力量

闻道清北 编著

中国华侨出版社
·北京·

图书在版编目（CIP）数据

向上的力量 / 闻道清北编著 . -- 北京 : 中国华侨出版社 , 2022.5
ISBN 978-7-5113-8721-9

Ⅰ. ①向… Ⅱ. ①闻… Ⅲ. ①大学生－学习方法
Ⅳ. ① G642.46

中国版本图书馆 CIP 数据核字（2021）第 249465 号

向上的力量

编　　著 / 闻道清北
责任编辑 / 江　冰　桑梦娟
封面设计 / 今亮后声
摄　　影 / 文汉强
经　　销 / 新华书店
开　　本 / 880mm×1230mm　　1/32　　印张：7.5　　字数：132千字
印　　刷 / 北京天宇万达印刷有限公司
版　　次 / 2022年5月第1版　2022年5月第1次印刷
书　　号 / ISBN 978-7-5113-8721-9
定　　价 / 49.80元

中国华侨出版社　北京市朝阳区西坝河东里77号楼底商5号　　邮编：100028
发行电话 / 18610159925　　传　　真 /（010）64439708
网　　址 / www.oveaschin.com　　E-mail / oveaschin@sina.com

如果发现印装质量问题，影响阅读，请与印刷厂联系调换。

编委会

内容策划

伍廉荣（清华）　杨子悦（清华）　于思瑶（清华）
徐丽博（北大）　刘娴素　龚夕琳　赵　威

作者团队

——— 清华大学 ———

伍廉荣　　杨子悦　　潘通宇　　张懿宁
张文瑞　　于思瑶　　罗家琦　　丁　晗

——— 北京大学 ———

陈　晨　　李梦可　　徐丽博　　罗杨波

FOREWORD 推荐序

乾坤未定，我们都是那一匹黑马！

从小学到高中，我从来没有想过自己能考上清华。面对高中学校和老师以清华北大为目标的激励，我都是一笑而过——可望而不可即的东西与我何干，但潜移默化中，一颗种子却在心底蠢蠢欲动：清华北大貌似可以试试？

试过，我才知道那是如此艰难的一条路。语文缺少广泛的阅读积累；英语一直马马虎虎；文综字体总是被诟病；唯一还说得过去的数学也总是波动……好像一切都在拉我向下，向上真的好难！幸运的是，几股向上的力量一直给我支撑：老师的鼓励、同学的支持、父母的理解，最重要的是心中那一束永不熄灭的火苗——为什么我不行？我要行，我能行！乾坤未定，为何我不能是那一匹黑马？！这种不放弃的信念不可见，但却那么真实地砥砺我迎难而上、慨然前行。经过三年的努力，抓住高三的冲刺，我终于成为那一匹黑马，实现了那一个"奢望"。

真正的励志，不是喊响亮的口号，也不是听枯燥的说教，而是要透过榜样汲取到一种前进的动力。《向上的力量》正是这样一部书，它汇聚了多位清华、北大的优秀学子的心血——他们讲述着自己成长路上的迷茫、学习路上的曲折、前行路上的险阻……而这些，不正是每个孩子在成长过程中所必须经历的吗？从清北学子的亲身经历中汲取能量，从他们的反思中收获哲思，这是《向上的力量》给予我们的最为宝贵的馈赠。

向上，是一种源自内心的强大力量，它促人奋进，助人成长。在学习的路上，我们需要它，坚定前行的脚步、疗愈受伤的心灵、激励必胜的信心。

清北学霸的向上之心已经汇集在了一起，切身的经验与残酷的教训已经凝聚成了文字，优秀的"过来人"已经为我们搭好了云梯……

他们想告诉你：

披荆斩棘后，鲜花迎晨曦！

毅然乘风起，水击三千里！

乾坤未定时，你我皆"黑马"！

伍廉荣
清华大学

PREFACE
序言

愿你披荆斩棘，磨砺成自己的榜样！

人们常说，你未来的模样，就藏在你现在的努力里。作为学生的我们，每个人都渴望努力的汗水能够变成梦想的翅膀，助力我们振翅高飞。但是，学习并不是一件只靠流汗就能达到目标的事情，我们需要的不仅仅是汗水，更重要的是学会砥砺前行，让自己拥有化腐朽为神奇的魔法。

很多青少年认为自己的生活一团糟、自己的学习乱如麻。其实，在现有家庭的羽翼下，我们新生代的青年即便面临困难，大概也只能称之为"困难"，根本够不上"苦难"的程度，总体上我们是生活在阳光中的。不过也不能否认，生活与学习都不会如每个人所想，更不会如每个人所愿。我们势必需要用尽力气，将眼前困惑的知识砍开、剖分，看清它的真面目，从而找到解决的方法。因此，学习的过程，本身就是披荆斩棘的过程，我们不应该因为这些荆棘丛而放弃远方的阳光与鲜花，更不应该在荆棘丛前徘徊或退缩，从而失去了继续奋斗的勇气。

每个求学的人都希望受到知名学府的青睐，并能够在其中度过自己最为炫丽的青春岁月。那么，我们就要将这些世人眼中的"卓越大学"当作自己奋斗的动力，为自己制定目标，倾尽一切，为了达到自己的目标而努力。不管我们是老师眼中的"优等生"，还是父母眼中的"学渣"，从现在开始，确定一个目标，拼尽全力，最终的结果会告诉我们，在乾坤未定时，你我皆是"黑马"。

要成为求学路上的"黑马"，就需要拥有坚韧的意志力。有理想的人比比皆是，但是有意志力去坚持理想的人寥寥无几。那些"学霸"是如何进入高等学府的，我们比他们差些什么？我们差的不是学习时间、学习能力，差的是我们缺少坚持下去的意志力，缺少磨砺自己的那份隐忍。

一个要实现高远目标的人，他们会将自己的眼界放宽、心思放远，从而避免自己在求学的路上掉入陷阱，他们会规划自己的时间与人生，提早为自己的未来制订计划，进而摒除浮躁，脚踏实地，砥砺前行。

本书每篇文章背后都是一名清华、北大学子的励志经历，他们回首过往，将自己在求学路上踩过的坑、遇过的险、学到的经验一一注入文中。他们希望在我们想要放弃时，能给予我们新的力量；在我们思想发生动摇时，能帮我们坚定信念；在我们遇到困惑时，能给我们打开一扇通往光明的窗。

如果说学习是一件苦差事，那我们就要学会在"苦中作乐"，如果把学习比作逆水行舟，那我们就要拼尽全力逆流而上。毕竟，龙门之内是繁花与彩虹。我们可以站在"过来人"的肩膀上，从这本书中汲取更多的动力与力量。求学是一个充满激情的过程，在这个过程中，我们要有笃定乾坤的魄力，更要有毅然决然投身学海激流的勇气。不要轻视现在的自己，更不要轻视自己的未来，只要我们敢于披荆斩棘，磨砺自己，"名校梦"触手可及！

闻道清北

二〇二二年二月

CONTENTS 目 录

第1篇　让卓越成为一种习惯

1. 追逐目标的星光……………………………002
2. 没有优秀习惯，不成卓越之才……………011
3. 在反思的路上自我突破……………………020
4. 好习惯助力学生时代………………………028

第2篇　心之所向，皆露锋芒

1. 学习，其实是一种享受……………………038
2. 探索，让自己闪闪发光……………………047
3. 学路漫漫，坚持为善………………………054
4. 信念之灯，照亮前行………………………063
5. 18—40—80—3，我的逆袭之路……………071

  6 水到绝境是风景，人到绝处是重生⋯⋯⋯⋯080

第3篇　向黑暗宣战，前路必定光明

  1 磨难重重，我心亦坚⋯⋯⋯⋯⋯⋯⋯⋯090

  2 弱科之战，要有勇有谋⋯⋯⋯⋯⋯⋯⋯098

  3 我的青春不迷茫⋯⋯⋯⋯⋯⋯⋯⋯⋯⋯105

  4 不计得失，只管风雨兼程⋯⋯⋯⋯⋯⋯⋯113

  5 生根发芽，破"瓶"而出⋯⋯⋯⋯⋯⋯⋯⋯121

  6 坦然面对学习中的"大跳水"⋯⋯⋯⋯⋯129

第4篇　避开求学路上的"陷阱"

  1 告别粗心，慢慢来⋯⋯⋯⋯⋯⋯⋯⋯⋯⋯138

  2 学习积极，我从不掉队⋯⋯⋯⋯⋯⋯⋯⋯146

  3 好心态是高效学习的法宝⋯⋯⋯⋯⋯⋯⋯154

  4 克服胆怯，破茧成蝶⋯⋯⋯⋯⋯⋯⋯⋯⋯164

  5 深处种菱浅种稻，不深不浅种荷花⋯⋯⋯172

  6 大考前遭遇剧烈心理波动的调试方法⋯⋯179

  7 提高学习效率，学会"用时间"⋯⋯⋯⋯⋯188

第5篇　成功，不只是一个人的旅途

1　没有对手，就没有高手……………………198
2　每个人的奋斗都值得鼓励…………………206
3　桃李不言，下自成蹊………………………214
4　榜样的力量…………………………………221

第1篇

让卓越成为一种习惯

FIRST 1 追逐目标的星光

个人信息

丁 晗　　高考分数：703
毕业于贵州省遵义市南白中学
2020年考入清华大学医学院

寄语

古之成大事者，不惟有超世之才，亦必有坚忍不拔之志。

导读

3000米，不仅是我人生中一次难以忘怀的经历，更是我对自己12年学习生涯的一个回顾。在清华的第一个3000米，我靠着跑向终点的信念、自己能够承受的速度以及路途中坚持不懈的毅力完成，学习也是如此。接下来，欢迎大家与我共同走进这意义非凡的"3000米"回顾之旅。

第1篇
让卓越成为一种习惯

两年前,我有幸参加了清华大学的暑期夏令营,短短一周里,让我印象最为深刻的,就是人生中第一个3000米。

在此之前,我跑过的最长距离也不过1000米,其实我很担心自己不能跑完全程。不出所料,刚刚从紫荆操场出发30米,我的左下腹就发出了疼痛警告。看着逐渐远去的同伴,一股"中二"之魂从心中燃起,我的脑海中忽然有了一个异常坚定的信念:我一定要跑完这3000米。

我缓慢地继续前进,跑过一个个当时无比陌生的地标,被一个个陌生的同学超越,双脚逐渐疼痛,身体逐渐灼热,我却开始想象:与清华的距离,大概就像这艰难又漫长的3000米吧,如果我今天可以有毅力跑完，那接下来的一年，我也照样有毅力跑进梦想中的清华。

怀揣着现在看来有些不可思议的想法，我居然真的拿下了人生中第一个3000米。回到紫荆操场，我只感到无比畅快。再次回到学校，每当学校的跑操坚持不下去时，每当学习的"瓶颈"无法突破时，每当产生自我怀疑时，那个夏夜的晚风和当时全力奔跑的自己总会进入我的脑海，就这样一步步挺下去之后，我竟也真的实现了最初的想法。

回望自己的成长经历、过去的学习生涯，又何尝不是一个3000米。在这个过程中，有挫折、有痛苦、有怀疑，但更多的是信念和勇气。

第一个1000米：目标和兴趣

学习的第一层，就像3000米的第一阶段，要用目标和兴趣为漫长的旅途提供源动力。

还记得初中的语文老师告诉我们，"知之者不如好之者，好之者不如乐之者"。他曾经提到自己的三个学生，"知之者"只是为了应付老师家长而学习，最后只上了一个大专；"好之者"对学习有

第 1 篇
让卓越成为一种习惯

一定的兴趣和自觉,最后上了一个本省的"211";"乐之者"真正做到了以学习为乐,把终身学习作为自己的目标,最后成了我的学长。当时懵懂的自己一直在思考,在学习中,我到底扮演的是什么角色呢?

小学的我,是"知之者"。每天一回家,我就打开电视,挑选喜欢的动画片,然后磨磨蹭蹭写作业。当时的自己浑浑噩噩,并没有什么目标,学习也不过是为了免于老师和家长的惩戒或是为了获得被人夸赞的快乐。

初中的我,是"好之者"。在开始发现自己学得还不错之后,我开始有了目标——遵义市最好的高中之一;历史书里一个个生动的故事,生物书上人体的知识,电学里纷繁复杂、等待我探索的一个个电路,化学老师为我们展示的一个个神奇的反应,都让我发现了学习的乐趣。

高中的我,逐渐向"乐之者"靠近。学习中,我在乎的已经不是一个个知识点本身,而是它们背后的意义,比如一个个有趣的历史故事,我不但对故事本身感兴趣,而且开始好奇它为何发生,尝试探索事件的偶然和局势变化的必然。我开始从物理的能量守恒、动量守恒,化学的反应平衡和生物中的能量流动看到了大自然的和谐统一;从一开始背语文的不情不愿到后来的乐在其中,深深拜倒

向上的力量

在"庭有枇杷树，吾妻死之年所手植也，今已亭亭如盖也"这般美妙的语言之中。与此同时，我对清华大学的向往日渐加深，并且在经历了充满不安和感动的疫情之后，我越来越渴望成为一名白衣天使，能在国家危难之际挺身而出，能在平凡岁月里救死扶伤、护人周全。清晰的目标和浓厚的兴趣，是我三年来刻苦学习的源动力。

学习不仅仅是丰富知识点的过程，更是了解自己兴趣目标的过程。随着心智的发展，我们应该不断探索自己、不断追问自己想要什么，努力朝"乐之者"靠近。当然，这个过程也许是漫长的，但即便没有很清晰的目标，我们也要坚持学习，随时为未来做好准备。就像小说《你好，旧时光》里林杨的爸爸说的："如果还不知道自己要什么，那就努力把一切都做到最好，等待最好的机会。"

第二个1000米：节奏和方法

考上清华之后，总是有很多人问我，"你是怎么学习的？""你为什么成绩这么好呢？"每每遇到这种问题，很是头疼，我并没有很刻意地总结过自己的方法，更重要的是我的方法并不一定对别人适用。就像那个艰难的3000米，对于我这个身体素质差的人来说，只能用别人觉得是龟速但自己已觉得是最快的节奏来缓慢前进。

第1篇
让卓越成为一种习惯

学习也是如此,对我而言,小学到高中,成绩逐渐出众的过程,是我找到越来越适合自己的学习节奏的过程。小学和初中的课程难度不大,认真听课、认真完成作业即可有好的成绩。小时候,我有一个独特的爱好,就是开着电视写作业。其实这个爱好也是无奈之举,那时家里空间狭小,电视、学习桌都在客厅,我也只能被迫接受。不过,久而久之,反倒能让我更津津有味地写下去。这个在旁人眼里有些不认真的习惯,却让我在之后的学习中意外拥有了强大的抗干扰能力,能在喧嚣的环境下保持良好的学习效率。

记得高中学校教学楼走廊上装饰的一句名人名言:休息,不会休息,就不会工作。高中生活的节奏很快,其中重要的一环就是学会休息,学会在状态低迷或者疲劳的时候及时休息。在发现自己回宿舍和在家里学习效率并不高时,我选择在宿舍好好睡觉、吃水果、聊天放松,在家过过自己的手机瘾,把更好的状态留在教室和图书馆学习;在无论如何都不能做到在六点半之前起床之后,我选择暂时"躺平",用更充足的睡眠时间赢得效率;在课间头昏脑胀、大脑缺氧时,我强制自己去走廊上走走,放空思想迎接下一堂课;即使高三几乎无休,我仍会每周抽出一个晚上看看《看天下》了解时事、放松心情。只有学会休息,才能以更加饱满的热情迎接学习、靠近目标。

或许大家身边都有这样的同学：拥有各色的荧光笔和各种各样的笔记本，上课像一个无情的笔记狂人，自习则像一个冷漠的抄错题机器，无时无刻不在学习，可成绩却只是在班级成绩单的折痕以下。我想要告诉大家，学习不需拘泥于格式，也不是非要投入尽可能多的时间，而是要慢慢摸索适合自己的方法。

在备战高考的时候，每天，我都会给自己制定语文、英语和生物的背诵任务，在早读和课下完成；语文的文言文疑难字词、化学与生活和物理热力学的零碎知识点会慢慢积累，在本子上随时翻看；对于错题，我只会记一小部分，更多的是自己的反思总结——沉下心来思考自己是在哪一步卡壳的，这一类题有什么特点，比一味地抄错题要有效得多。

合适的方法和节奏是实现目标的助推器。人不是机器，我们都是独特的个体，不管是方法还是结果都不必去与旁人比较；我们的状态也是不断改变的，因此节奏和方法要根据当下的状态不断调整，直到在成绩和心理上达到最佳效果。

最后1000米：坚持和信念

即使有目标、有方法，成长也绝不会是一帆风顺的。就像

第1篇
让卓越成为一种习惯

3000米的最后一段路程，即使临近目标，即使已经习惯了运动的状态，大量的能量消耗还是会让我无时无刻想要放弃，这时，坚持和信念显得尤为重要。

还记得2020年3月31日的中午，化学老师忽然通知我们：高考推迟了！看着倒计时的数字从六十多又恢复成九十多，我心中五味杂陈。一个多月状态持续低迷的网课、开学之后因为疫情防控无法出校的压抑和自我怀疑已经让我喘不过气，就全靠"马上考完就可以放松"的信念在支撑。可现在延期一个月，假期顿觉遥遥无期，就像长跑比赛马上就要见到终点，裁判却对你说：组委会临时决定加跑一圈。

在经过了一天的难以置信和一个星期的焦头烂额之后，记忆中那个难忘的3000米开始更加强烈地提醒着我：继续坚持。

一年前，我成功从30米坚持到了3000米，一年后，也一样能多坚持30天。此后，我渐渐不去在意教室里的倒计时，而是每天踏踏实实地完成自己的目标，尽力填补知识的空缺，直到高考结束，校歌响起，我成功坚持到了最后，终于抓住了触碰梦想的机会。

在那段艰难的时光里，除了找老师和朋友聊天缓解压力，我还常常听五月天的《成名在望》。每当耳畔响起"那黑的终点可有光，那夜的尽头天将亮"，我坚持下去的信念，就又会更多一分。

向上的力量

一次让我痛并快乐着的3000米,改变了我的人生轨迹,让我有了空前的信念和能量。我的学习经历,则是一次时间上的长跑,在目标的指引下,我用坚持和信念与困难过招。希望我的故事,能让你们的"3000米"跑得更顺畅、更有动力!

SECOND 2 没有优秀习惯，不成卓越之才

个人信息

伍廉荣　　高考分数：609

毕业于江西省赣州市南康中学

2014年考入清华大学社科学院

寄语

优秀是一种习惯，有了好的习惯自然也可以成为优秀的人，无任何卓越之才缺少优秀习惯的支撑。

导读

我曾经因为某个活动的需要，访谈过接近两百多位身边的清华、北大同学，每次我都会问一个同样的问题：你是怎样考上清华、北大的？让我非常惊讶的是，很多同学竟然也不知道自己为什么能考上清华、北大，说出来的原因和理由也各不相同。起初我觉得不可思议，难道他们身上就没有共性吗？但当访谈到了一定数

向上的力量

量，汇总回答后，共性就显而易见了：这些优秀的同学无一例外都拥有一些良好的习惯，而且已经内化成本能。优秀的习惯是优秀学生成长的最强力量，可以说没有优秀习惯，不成卓越之才！

优秀是一种习惯，不仅在清华、北大这些高效学成的同学身上尽有体现，其实我们身边但凡优秀之人也从不缺少，而且他们身上优秀的习惯往往都已通过检验，更加值得我们思考借鉴。如果我们能够在学习的过程中兼收并蓄、融会贯通，必将获益匪浅。那么，什么样的习惯值得我们去养成和坚持呢？

优秀人士的好习惯有很多，我在多年的学习过程中，亲测最基础且也是最有效率的有三个习惯。这些习惯也让我在日常生活中能更好地与人相处，学业上安排得更井然有序，成为我前进的强劲助力。下面分享给大家，我相信你如果掌握、养成了这些习惯，肯定也会收获事半功倍的效果。

坚持阅读：受益终生的好习惯

关于阅读，每个人的见解可能存在不同，但最终的指向都是一致的，即阅读很重要，一定要养成阅读的习惯。阅读，不光在学生

第 1 篇
让卓越成为一种习惯

时代要强调，它更是一件值得终生去做的事情。

我们可能都听说过美国的股神巴菲特，却很少知道他亦师亦友的搭档查理·芒格吧。巴菲特评价查理·芒格是"一位从不人云亦云、本身具备极强的逻辑推理能力的合伙人"。而查理·芒格之所以拥有这样的能力多是基由阅读而来。他对阅读的重要性是这样认识的：我这辈子遇到的聪明人（来自各行各业的聪明人）没有不每天阅读的——没有，一个都没有。沃伦读书之多，我读书之多，可能会让你感到吃惊。我的孩子们都笑话我，他们觉我是一本长了两条腿的书。

书籍是全世界的营养品。如果我们的生活中没有了书籍，就好像失去了阳光。知识是人类进步的阶梯，这一点毋庸置疑。无论对个人，还是对社会，阅读的作用都不可小觑。我们社会的任何一次进步、思维的任何一次发展，无不是在现有的认知基础上实现的。而我们的认知、经验都是从理论或实践得来的。其中我们获取理论知识的最重要的渠道就是读书。

那么我们应该读什么书呢？

查理·芒格很喜欢一句来自农夫的谚语："我只想知道将来我会死在什么地方，这样我就不去那儿了。"从中不难推断，总结前人经验，从别人走过的弯路中吸取教训，从而能够获得最终的成

向上的力量

功。因此，我也特别推荐人物传记类图书。对于小学、初高中的同学来说，读人物传记不光能积累写作素材、了解历史，更能够从名人的经历中获取经验、汲取力量，可谓一举多得。

广泛阅读各国经典著作也是一个不错的选择。经典是经过历史检验的、受到广大人民喜爱的、有一定价值的优秀作品。在中小学甚至高中阶段，我国教育部都会推荐很多课外经典读物，这份书单其实就是一份很好的阅读清单指导。譬如中国的《史记》《资治通鉴》等，国外的《物种起源》《简·爱》《红与黑》等。

跨学科的常识性或科学读物能帮我们拓宽视野。世界是一体的，各种学科之间的道理是相通的，对内容的广泛涉猎有助于对世界的认识。譬如阅读医学杂志、生物学常识书和天文学书籍等。

自我管理：制订计划和目标的习惯

时光是非常宝贵的，若想不浪费光阴做无用功，就需要我们善于制订计划和目标。正所谓"胸无大志，则无大成"，心中没有目标，每天浑浑噩噩，不知道去为自己的未来规划，这样的生活就犹如无头苍蝇，很难有所成就。

珍惜时光最简单的方法，便是制订计划和目标，有条不紊地按照目标去利用每分每秒。那么我们要如何制订计划和目标呢?

我个人推崇三步法。第一步:认识现状和事实,看清自己所处的地位和情况,然后扪心自问,我们想要什么,想成为什么样的人。第二步:找到已实现了类似目标的人。我们的目的是去了解他是怎么达成目标的,他的行为是不是可以复制,如果自己操作可以怎么改进。第三步:目标分解。将我们的目标变成一个个可行的措施,制订时间表,不断勉励自己去实现。

目标的制订不是为了形式,而是为了行动。只有把目标和计划执行下去,才有意义。在生活中,很多人只善于制订计划,不善于执行计划;只确定目标,却不朝着目标的方向去努力。无论对生活,还是对学习都毫无益处。

善于进行自我管理的人,心中有目标、眼中有光芒,而我们就要成为这样的人。

坚持运动:没有好身体支撑不了伟大的事业

生命在于运动。运动的好处非常多,首先,帮助我们强身健体,支撑我们实现自己的目标。其次,科学研究表明长期运动的孩子,大脑中的神经元网络更丰富,因为人的动作是通过神经系统进

向上的力量

行控制和支配的，长期运动能够刺激大脑皮层中的运动中枢，使之变得活跃起来，丰富的神经元和活跃的运动中枢能够让大脑的反应速度更快，表现出来的就是孩子会比较聪颖。而且，当人体在运动时，会形成一种蛋白质，这种蛋白质能够建立和维稳神经细胞之间的链接，链接越紧密对于接收到的信息就能更好地保留和理解，在一定程度上提高思维的敏捷度，增强记忆力。再次，坚持运动的孩子反应速度会更快，从生物学的角度上说，运动神经纤维因为运动而进行了反复大量的活化，使得电流通过速度比较快，因此对于外界的刺激接受和处理的速度就更快了。

很多优秀的人都有运动的习惯，一场酣畅淋漓的运动能够给我们带来一次全身心的放松，充满激情地面对一天的工作，效率自然也会更高。我的整个高中阶段，不管学业多忙，每天都会抽出一小时去

第 1 篇
让卓越成为一种习惯

跑步，甚至大脑麻木时偶尔起身的几个跳立，都会给我带来全新的思路，犹如打了一针强心剂。清华大学也有一句特别知名的口号，就是"为祖国健康工作五十年"，要想健康工作，可不就需要通过运动强身健体嘛！而对于正在奋力苦读的你来讲，更要保持身体健康。

如何养成优秀的习惯

好的习惯对于人的一生都是有影响和改变的，一旦形成则受益终生。但好的习惯也很难坚持下去，经常是口号喊得很响，行动却三天打鱼两天晒网，没几天就放弃了。其实，好的习惯只是一种生活方式，我们不要把习惯当作外在的要求，甚至当成是一种压力、一种负担，而应该当作自己真正想要的东西。诚然，习惯也不是一蹴而就的，它的建立是需要循序渐进，慢慢养成的，需要一点一点坚持下去，直到它融入你的骨血，最终成为你身体的一部分。习惯的养成是有方法的，在这里也分享一些我自己的方法，希望大家可以加以借鉴并坚持贯彻。

首先，凡事预则立，不预则废，提前计划不慌乱。

培养习惯还要计划吗？当然需要！譬如当你读完这篇文章，决心顿起，想要培养一个习惯。那这个习惯是什么？有什么特征？需

向上的力量

要多久时间养成？达到什么程度才算养成？这一系列的问题，如果没有提前思考，我们就很难去掌握，这时候发挥主观能动性就尤为重要。

我自己是这样的，有了目标习惯后，计划前往往先考虑这么几点：一、自己的哪些行为会对这个习惯的形成构成障碍，有没有相应对策。二、寻找一个适当的时间开始。三、确定习惯的明确动作，譬如阅读，那么每天坚持阅读多久呢？是30分钟或者阅读10页书？我们要确定一个习惯动作。四、确定复盘时间，如果条件允许，还可以找个监督人。

其次，万事开头难，先坚持它30天。

无论如何都要坚持新习惯30天，习惯最难的就是开头一段时间，很多人可能两三天就会放弃。最有效的动作就是咬牙坚持，坚决执行30天，这可能会需要你95%的努力，但是一旦成功，你原以为困难无比的事情可能会突然变得容易，所以一定要在第一个月里坚持、坚持、再坚持。

再次，记录给自己以希望。

温斯顿·丘吉尔曾经说过，"计划表并没有用，难能可贵的是计划"。养成习惯需要不断地激励自己，如果没有激励动作，我们很难有成就感。我们可以每天记录下自己的变化和计划的执行情

第1篇
让卓越成为一种习惯

况，从中收获一定的满足感，继而从记录中得到希望：原来自己已经做了这么多，我还能坚持！

最后，坚持习惯一致性，周期性复盘，了解收获。

决定培养的好习惯不能半途而废，但也不能轻易"移情别恋"。譬如你第一天想看书，第二天想锻炼，第三天学舞蹈，第四天又学自行车……这种习惯的迁移多了，很难说能坚持并养成某一项。因此我们最好先确定一个习惯并坚持养成。那么，能不能同时坚持很多习惯呢？当然可以！这里强调的是，不要中断。

如果你想培养一个长久的习惯，除了每天记录，也需要周期性的复盘。这个回顾与记录不同，记录只是记下事情，但缺乏思考；而复盘是要在回顾过去收获的同时，调整未来的预期和计划。譬如你希望建立一个好的饮食习惯，那么当你坚持了一段时间后，你就需要全面检查身体状况，同时根据新的身体状况调整饮食。

优秀的习惯成就卓越的人才，如果我们想要成功，最直接的方法就是跟已经成功的榜样进行学习，而学习榜样身上优秀的习惯则是最有效的方法。

平凡的我就是如此，凭借着良好的习惯成功跻身到最优秀的人中间。天行健，君子以自强不息，我们一起立恒心，树习惯，相信你也会在不断挑战自己的过程中成就自己！

THIRD 3 在反思的路上自我突破

个人信息

杨子悦　　高考分数：681
毕业于陕西省西安市高新第一中学
2016年考入清华大学经济管理学院

寄语

磨刀不误砍柴工。

导读

反思，指的是回顾、反过来思考。你在平时的学习生活中是否积极反思？你又是如何反思的？这篇文章将为大家解读"反思"，什么样的反思才是有效的，什么样的反思才能帮助我们取得进步。

第 1 篇
让卓越成为一种习惯

积极反思，有效努力

当学弟学妹向我询问学习方法时，我常说的一个词叫作"有效努力"。何为"有效"？同样是努力，难道还有"无效"的吗？

可能很多人看到这个词时，首先联想到的是"学习效率"。其实，学习效率固然重要，但更重要的是努力的方向和程度。很多人学习效率或许很高，每天能够刷完好几套题，纠错本、笔记本写得漂漂亮亮，作业也能够按时完成，看起来每一个学习环节都完美无缺，但成绩就是停滞不前。说得直白一点，其实他们都在"虚假努力"。这并不是说这些同学不想好好学习，而是他们自己都没有意识到自己的努力并不是有效的。

为什么呢？就是因为他们的学习环节缺少了反思这一重要部分。

反思，是一个我们从小听到大的词语。可能大部分人都知道这个词语是什么意思，但并不是所有人都能在学习中运用自如。很多同学喜欢闷头去"做"，却不愿意停下来"想"。其实这也情有可原，因为我们"做"的东西往往都是可以量化的，每天做了多少道题，读了多少页书，复习了多少章节，呈现在纸面上的东西能让我

向上的力量

们觉得心里踏实。而就是这样一种踏实的假象，让很多同学忽略了"想"的过程。

法国作家雨果说过这样的话："被人揭下面具是一种失败，自己揭下面具是一种胜利。"一个人要是能够认清自我，及时反思，那么这就是一种胜利。对于我们来讲，反思的意义更为重大，可以概括为"磨刀不误砍柴工"。适当停下脚步，对自己这一阶段的学习进行一个回顾思考，可能从表面上看确实耽误了自己的刷题进度，但其实这小小的一个反思环节可能会对之后的学习有质的提高。

举个简单的例子，A、B两名同学是同桌，两人的数学成绩都不算太好。由于所处重点中学的重点班，平时老师上课讲的内容往往远高于课本，配套的课后练习题也都是自招甚至竞赛难度，这就导致这两名数学基础薄弱的同学在学习数学的时候感到非常痛苦。一开始，两个人都非常努力地聆听老师讲的内容，认真地完成作业，但由于难度实在太大，效果很不好。

如果是你，在面对这种情况的时候，会怎么做呢？A同学选择加倍努力，他每天会花费更多的时间在这门学科上，甚至不惜占用其他学科的学习时间。与此同时，他还积极向老师、同学请教，坚持啃"硬骨头"。B同学却没有再继续跟这些远超出自己能力的题目"死磕",而是开始反思自己的学习方法,重新评估自己的数学水平,认为自己确实不应该在基础没有打牢的前提下,贸然挑战这些高难度题目,于是他开始转攻偏基础的教辅资料,同步自学、练习,对于作业中的难题选择了"战略性放弃"。

在后来的考试中,A同学的成绩虽然没有退步,但基本上还是处在停滞不前的状态;反观B同学则因为换了更适合自己的学习方法,成绩有了明显的提高。虽然他依旧不会做试卷上最难的甚至中上难度的题目,但跟以前相比,简单题、基础题的正确率更高了,只要层层递进,按照自己的节奏逐步加大练习难度,总是能实现进步的。

通过这个简单的例子,我们不难看出,反思是学习中的重要一环。反思的环节不会加重自己的学习负担、拖累自己前进的脚步,反而是在帮我们"磨刀"的过程,经常反思,定能事半功倍!

学会反思,正视自我

可能很多同学都知道,在平时的学习中应该量化自己的学习成果,及时进行分析总结。除了量化评估学习成果以外,更深层的要求,还有评估自己的学习状态。

向上的力量

　　这种反思，与我们日常学习中量化的反思相比更加复杂，也更为深入。但是，一旦在学习状态、学习方法上做好了反思，给成绩带来的就不是量变，而是质变了。

　　从初中刚刚接触历史这门学科，一直到高中，我的历史成绩始终不是很好。作为一名比较喜欢文科的女生，我的语文、政治、地理成绩都还算不错，唯独历史成绩始终提不上去。初中的时候，我和大家一样上课认真听讲，下课主动、认真完成作业，有时候还会自己买一些教辅资料辅助学习。但是，我的历史成绩一直不上不下，虽说考试成绩不是非常难看，但也不属于高分段的水平。

　　马马虎虎的状态一直持续到了高二，我的历史成绩始终没有什么进步，眼看着高考即将到来，我开始深度反思自己的学习状态和方法。除了自己思考，我也善于求助于老师，最终经过这样的反思，我意识到了自己在历史学习中的很多问题，并逐条梳理了出来。第一，我对时间、历史事件等基本知识点掌握并不扎实，比如，给出几个事件让我排序，往往日期相近的便不能明确区分先后。第二，我对历史知识的学习仅仅停留在课本上，对历史事件、历史人物的评价也都仅限于课本上的官方表述，从来没有加入过自己的思考。因此，只有当题目直接指向课本上有对应答案的知识点时，我才有可能准确无误地回答出来。第三，我在做题的时候缺

第 1 篇
让卓越成为一种习惯

少敏锐度，对于一些关键词不够敏感，总是选到出题人设置的迷惑项，不能透过现象看本质。第四，融会贯通的能力不足，每个知识点的学习都是孤立的，不能把它们联系起来。

接下来我给自己的这几个问题排了序，从最基本的史实、时间入手，购买了一本大事年表，开始查漏补缺，慢慢地，我的基本功越来越扎实。我又开始准备纠错本，把平时做错的每道题目仔细分析，寻找题目中的规律和自己的问题。就这样，我的历史成绩越来越好，我也学得越来越自信。

适时的反思，能让我们及时回头发现之前学习中存在的问题，从而以更好的精神面貌迎接新的挑战。这样的反思，恰恰是很多同学在学习中容易忽略的。

在学习的过程中，你是否也曾经迷茫不知所措，觉得自己明明和身边的同学一样努力，可是成绩却一直都上不去？明明自己看似已经找到问题所在，并且尝试着针对性地进行解决，但问题依旧存在、毫无改进？或许，这正是缺乏反思的体现。

反思，能够帮助我们学会正视自己。很多时候，我们的脚步太快，每天被各种作业、复习、考试、测评驱赶着前进，却忘记了在每天学习之余稍稍喘一口气，重新审视一下自身。俗话说，当局者迷，旁观者清。闷头赶路的时候，很可能我们连方向都会走错。所以，请慢下前进的脚步吧——做一个会反思、善反思的人，才能长久地拥抱进步、获得成功。

善于反思，提高成绩

曾经听过这样的一句话："如果你指挥不了自己，也就指挥不了别人。"在学习中，我们不期望去"指挥"谁，但是我们要能够"指挥"自己。而反思的一大意义就在于能够让我们更好地掌控自己。大家每天起早贪黑地学习，不正是为了考出好成绩吗？适时的反思能够让我们做自己的主宰，知道自己的优势、劣势，找到自己的问题。只有多反思，才能准确地找到突破点，从而精准发力，取得进步。

我曾经在高中的时候，把每次模拟考试的单科成绩和排名都记录下来，并且手动绘制成一张折线图。每多考一次，就把折线图延伸出去一点。通过这样的记录，我把自己历次考试的表现直观地呈现了出来，也能更好地掌握自己的成绩走势，通过成绩评估自己这段时间的学习状态如何。这就是我通过反思进行自我掌控的经历。我相信一个善于掌控自我的人，势必会做到自律，从而达到自己想要达到的目的。

第1篇
让卓越成为一种习惯

当然,反思不能仅仅停留在"发现问题"的层面,而是要落到最终的目的——"解决问题"层面上去。也就是说,自我掌控固然重要,但我们不能仅仅满足于此,而要更进一步,找到提高成绩的方法。如果一个同学经常反思,但并没有根据反思的结果进行提高,付出实际行动,那么这样的反思是没有意义的。善于反思,自我更新,才能帮助我们提高成绩,取得进步!

FOURTH 4 好习惯助力学生时代

个人信息

徐丽博　　高考分数：627
毕业于黑龙江省穆棱市第一中学
2018年考入北京大学外国语学院

寄语

良好的习惯是砥砺自我的磨刀石。

导读

我这个笨人，若说有些可取之处，就应该是身上的一些小小的好习惯。这些习惯伴随了我整个学生时代，造就了我现在的模样，有些好习惯形成的过程很艰辛、很痛苦，但养成之后，让我受益无穷。

第1篇
让卓越成为一种习惯

尊敬老师的习惯

人常说:"老师是铺路石,奉献自己,成就他人。"老师传播的是知识,浇灌的是希望。假如在学习的道路上没有老师,时代的车轮还能隆隆前进吗?我们还能收获满满吗?因此,作为学生,我们最应该养成的习惯,便是尊重老师。

我一直在小镇上学,当地尊师重教的氛围非常浓厚,路上看到老师,家长和学生都会毕恭毕敬地上前,寒暄许久,然后很有礼貌地道别。现在有不少人认为我们给学校交钱,学校给老师发钱,老师给学生上课,老师不过是知识交易和教育产业的一环。从这种立场上看,老师的工具属性被放大,仿佛只是将课本知识咀嚼后再反哺给学生的媒介。一旦接受了这样的设定,学生对老师的信服感会大大降低,听课效率也会大打折扣。

高中的时候,有个同学因为自己英语很好,所以上课总喜欢跳出课堂的范围。一方面,这是好的,这种成就感确实可以加深他对英语的学习热情;但是另一方面,他"抬杠式"的"炫耀"方式其实是影响其他同学学习课堂内容的。英语老师很和蔼地在课堂上表达了对他英语学习程度的肯定,然后课下找他沟通,希望他在课外

向上的力量

提高英语的同时不要忽视课内应试英语的学习，也尽量不要扰乱课堂秩序。这是非常中肯的建议，我当时坐在第一排，听到了两人交谈的全过程。但是这位同学的态度有些傲慢，甚至在之后的英语课堂上总是会故意找老师麻烦。因为他对老师的不信服和不尊重，或许还有部分好胜心作祟，他的注意力已经不再放在学习本身，而是放在找碴挑刺上了。他的英语成绩本来是班级上数一数二的，但是到了最后却不断下滑，整个人的状态都走向了沉郁，连带着其他科目也走上了下坡路，最后的高考成绩令人扼腕。英语老师的处理方式无可指摘，也令人尊重，即使在课堂上被刁难，老师的态度温和依旧，对待那位同学的态度也和其他同学无二，都是平等和蔼的。只不过这位同学自己钻进了牛角尖，以至于陷入了一种不健康的习惯性思维，给自己带来很大的不良影响。

如果一个人连自己的老师都不尊重，那么，他的内心已经失去了平衡，自然，在学习上也就失去了平和的心态，成绩也就可想而知。

高效执行的习惯

我所在的镇子考上清北的学生已绝迹十多年，我突然爆冷考上

第1篇
让卓越成为一种习惯

了北大,很是让人艳羡。说实话,我自己都不敢相信。在小学和初中阶段,我并不突出,成绩比我好的、智商比我高的、头脑比我灵活的,大有人在。直到高中,我才开始平稳持续地名列前茅。很多人都问,到底是什么成就了不聪明的我?

从小,爸爸就说我是个笨孩子,笨鸟就要先飞。虽然我总会争辩自己没那么笨,但是"我确实没有那么聪明,应该勤奋"的意识却是早早在脑海里扎下了根。从启蒙那天起,爸爸就给我立下了一个规矩,就是"父母和老师交代的话,要马上去做"。小时候因为没有执行这一规定,我还挨过几次印象深刻的"修理"。被爸爸收拾服帖之后,爸爸吩咐的事儿、妈妈让买的酱油、老师布置的作业……紧急!紧急!我把爸、妈、老师的指示视为必须认真对待的头等大事,别的不说,执行力我一直是可以的。

正是有了高效的执行力,我才少了好多胡思乱想的心思,才能够专注下来做事情。就比如有时候说不上多么喜欢某个科目,但是觉得老师布置下了任务,我就应该认真对待,然后做着做着就觉得"似乎也没那么无聊""还挺有趣的",自然而然地就钻了进去。

爸爸立下的这个规矩就像一个大手掌,刚开始是一个外在的动力,会在我懈怠时用力推上一把,但等到自己做出了兴趣、发现了

向上的力量

天赋，就会产生无穷的内生力量，有了认真的态度自然就能够认真对待。

背诵的习惯

小学有一段时间，我寄宿在姑姑家。姑姑是一位心理老师，她对于儿子的教育非常成功。我的很多良好习惯都是姑姑帮助养成的，并且保持到今天。

其中一个习惯就是坚持晨起背诵。英语和语文老师每天会留背诵单词和古文的任务，对于心性未定的小学生来说，背诵其实并不是一件简单的事情。我经常会背着背着就变得烦躁，甚至有一次把书撕成碎片，吹得满屋子都是。姑姑发挥了自己心理学专业的特长，没说什么，只进行了半天的冷处理。最后，是我自己按捺不住羞愧，主动承认了错误。这时，姑姑开始给我分析了现阶段背诵的重要性，还传授了我一些背诵的技巧和方法。

之后每天早晨六点，我都会在姑姑的监督下起床，背诵五十分钟。姑姑赞赏的眼神一直是我坚持的动力，哪怕以后离开了，我仍旧保持着这个习惯。这个习惯不仅让我不再惧怕老师上课的随机抽背，更重要的是，大大降低了我每次期末复习的压力。

第1篇
让卓越成为一种习惯

背诵的过程就是大脑开发的过程。坚持了一年背诵之后，我能明显地感受到自己的记忆速度提高了很多，遗忘速度减慢了很多。初三的时候，老师曾指定的长篇背诵任务，我总是能比其他同学记得更快更久，不得不说这是长期背诵习惯和背诵锻炼的功劳。现在上大学三年了，那些小学、初中、高中学过的诗歌古文我竟丝毫没有遗忘，有一次我背诵了《阿房宫赋》的全篇，震惊了同学许久。

不受打扰完成任务的习惯

如果有学习任务的时候，我很少会受到外部环境的干扰，这应该归功于我小时候的经历和习惯吧。妈妈因为工作原因，一直在外地，爸爸当爹又当妈。经常是爸爸有应酬，但是又不能把我放手，所以便直接带我一起。每次吃完饭，我往往一抹嘴，就被要求找个空桌子独自写作业。外面的环境往往比较嘈杂，服务员的吆喝声、食客们放肆的交谈声、推杯换盏的应酬声、推麻将的哗啦声……现在想来，那确实不是个好的学习环境。但我当时的心思总能集中在一定要完成的作业上，这些打扰会被统统隔绝在外。只要有个能容纳我的地方，自己就能旁若无人地开始写作业、背书。甚至有一次我的背书声打扰了隔壁包厢的客人打麻将，但是他们并没有过来责备，反而在我结束后，特意来夸赞我。我当时有点小骄傲，有点小窃喜：原来我习以为常的事情居然是如此的被人欣赏，以后继续保持！

听新闻的习惯

这个习惯是被动养成的。曾经在发现我沉迷电视之后，爸爸把电视给卖了。家里只剩下一台电脑，但控制权被老爸长期掌握，我只能眼巴巴地羡慕同学们能看各种动画片。爸爸很喜欢看凤凰网的新闻，每天早上都会调出当天的国内外视频，大概一两分钟一段视频，不断连播。我一边嚼着面包，一边有一搭没一搭地跟着爸爸听；晚上爸爸会看《海峡两岸》之类的节目。直到有一天，老师问俄罗斯外长是谁，我脱口而出"拉夫罗夫"，自己都惊讶地意识到这个习惯带给我的不同。

从小学听到高中，朝鲜半岛无核化、南海问题、两岸局势、中东情况、国内政策、若干次全国性会议……这些国内外时政伴随着我的成长，偶尔自己也能说出个一二三四。直到现在，我还能记起凤凰网几个时事评论员铿锵有力的声音，这个习惯大大丰富了我的视野。但其实这不能算是我的习惯，而是爸爸的习惯，在爸爸的熏

第1篇
让卓越成为一种习惯

陶下,我也获益良多。

尊重老师让我信服地接受知识、背诵和高效执行让我及时巩固知识、不受外界干扰完成任务大大延长了自己的有效学习时间、听新闻拓宽了我的视野,这些好习惯成就了我进入北大,在未来的生活中我会继续保持,再上一个台阶。也希望读到这篇文章的你,能够尽早养成一些助力自己学习的良好习惯!

第 2 篇

心之所向，皆露锋芒

FIRST 1

学习，其实是一种享受

个人信息

潘通宇　　高考分数：**694**
毕业于安徽省萧县鹏程中学
2020年考入清华大学未央书院

寄语

快乐地做必须做的事，享受地做应该做的事。

导读

人生短短几旬，我们为什么要把前二十余年宝贵的光阴放在学校中度过？学习究竟能带给我们什么？这个问题困扰着一代又一代的莘莘学子，也许也正困扰着书本前的你。我们常说"寒窗苦读""学海无涯苦作舟"，但学习真的很苦吗？本文中我将结合自身经历，用自己近二十年的思考和体会告诉你：学习，其实也是一种享受！

第 2 篇
心之所向，皆露锋芒

在正式开始前，我们先一起来算一笔时间账。进入大学前，我们要在学校中学习15年左右；而进入大学后，我们又要在象牙塔中研习数载。"人生苦短"，只有几十年，但我们却要在学校中度过二十几年甚至更多。

那么问题随之而来：我们学习究竟为了什么？我们花费宝贵的青春去钻研这苦涩、艰深的功课，值得吗？

经过长期思考，我的回答是：值得！

孔夫子曾云："学而时习之，不亦乐乎？"从这里可以看出，"学习"其实可以分解为两个动词："学"与"习"。"学"指的是学得新知识、获得新本领，而"习"指的是温习已经学过的知识。"学习"其实反映了我们学习生活的两个重要的阶段，也就是学习（learn）和复习（review），这两个阶段是不能混为一谈的。下面我将用自己的故事告诉你：学能快乐，习为将来。

小学：为好奇而学

小时候，我们每个人都对这个世界充满了好奇，总是喜欢对于生活中的各种现象问一个"为什么"。我也不例外。

犹记得在上小学三年级的一天，下课后，我正要离开座位休

向上的力量

息,同桌神秘兮兮地递给我一份杂志:"快看!世界末日要来了!"我听后一惊,马上抓起杂志聚精会神地看了起来。文中讲到玛雅人的预言,又用地球冰期的循环、小行星的运行轨迹和全球气候变化等证据来论证2012年12月22日将会是世界末日。当时的我看得云里雾里,但下意识地觉得这是一件非常严重的事情:我一定要找资料去确认一下,要是真有其事,我有好多想做的事,得从现在就开始准备!

当晚回到家,我开始在书架上翻找。碰巧家中有一本父母之前为我购买、被搁置在角落中的有关地球地质的科普读物,翻开它,我迅速地研究起来。之前在杂志上读到的种种名词不断映入眼帘,

第 2 篇
心之所向，皆露锋芒

但令我奇怪的是，这本书讲到地球地质的变化是一个极其缓慢的过程，基本都是以万年为单位的，人生短短的百年，几乎不会感觉到明显的地质变化。那岂不是意味着，从现在一切正常到一年后出现能导致世界末日的地质变化是不可能的！

两种完全相反的观点摆在了我面前，究竟哪一个是正确的呢？

为了彻底满足自己的好奇心，我在周末又到了图书馆中查阅更多针对这一问题的解释，发现多数和在家中读到的观点相同，其中有一本更是直接将"世界末日"作为反例进行抨击。经过这样一番阅读学习，我才坚定地相信：世界末日是骗人的传言！

以上只是我在小时候读书学习的一个缩影。每当遇到生活中不解的问题，我都会主动去阅读相应的书籍来满足自己的好奇心。往往经过一番探究，我不仅能"打破砂锅问到底"，还会对这一方面的知识有了较为系统的了解。

我为好奇而学，也为满足好奇而快乐！

初中：为求知而学

进入初中之后，政治、历史、地理、生物等大量课程的加入，对每个人的学习能力都提出了严峻的考验。初中刚开学的几天里，

向上的力量

我为不能再像小学生那样可以每天晚上和同学们一起玩耍而伤感,更为自己不能再像小学那样得心应手地处理功课而焦虑。甚至有一段时间,我害怕去学校,害怕被布置作业,害怕课堂上老师的高谈阔论……

就这样耐着性子过了几周之后,我才慢慢受到了知识的感召,似乎它本身就是有魔力的。老师在课堂上传授的知识,刚开始我总是不甚了了,可随着不断地深入学习,我发现自己的认识不断被刷新。例如在刚上了几节地理课后,我就对地球的基本知识产生了兴趣。取下书架上闲置了多年的地球仪,我开始热衷于准确地辨识地图,饶有兴致地根据新闻上报道的经纬度来确定事件的发生地点,甚至不愿再错过天气预报……我们生活的地球,原来如此奇妙!

世界的图景在我的面前渐渐清晰,很多未知的知识正在充实我的知识宝库。我为中华上下五千年的盛世图景、王朝兴衰而感慨,为蝗虫能够用气管呼吸而惊叹;我为红军战士长征路上的献身精神而热泪盈眶,也为大陆漂移假说神奇的解释能力啧啧称奇……

就这样,我慢慢爱上了学校中的学习。我期待每一堂精神的盛宴,我渴望每一次知识的雨露;我学会了享受课堂,我满足了求知渴望。从初中到现在,上课前我从来不预习。这并不是说明预习不好，而是我刻意去保留知识那份独有的神秘感，不愿提前去揭开那层薄薄的面纱。在课上，我总是全神聆听老师的教诲，在老师的引领下体会不断掌握知识后那种独一无二的快感与欢乐。这种感觉令人陶醉，令人回味，令人向往。

读书十余载，无数的课堂、无数的知识在记忆中划过。也许有些学过的知识已经忘记，但这份课堂上求知的幸福，却永远埋藏于我的心中。每每回忆，不禁会心一笑。

我为求知而学，更在求知中享受课堂！

高中：为将来而习

从初中乃至到高二，我都持续着为求知而学的欢乐，但在进入高三总复习阶段，我感受到了学习的痛苦。

所有课本的新知识已经学习殆尽，剩下的就是一轮、二轮、三轮复习。记得首先开启一轮复习的是物理，翻开复习讲义，映入眼帘的是高一学的质点、参考系的定义。我当时便产生了深深的厌恶："已经学过的知识，为什么又要学第二遍？"

就这样，我在怨怼中开启了自己的一轮复习。原本因求知而鲜活的学校生活，现在却也因求知无法得到满足而黯然失色。每天只

向上的力量

是机械地重复着自己的作息，做没完没了的题，听没完没了的课，考没完没了的试，时不时又要被"已经学过的知识，为什么又要学第二遍？"这一问题无情地鞭打。

转眼间来到暑假，成绩优异的我拿到了清华大学暑期学校的邀请码。暑期在清华的一周，点燃了我之后整个高三复习的新的动力、新的火炬。

在这一周，我吃在清华、住在清华。清华美丽的校园风光让我流连忘返，清华浓厚的体育氛围令我欢欣鼓舞，清华美味的食堂饭菜让我大快朵颐……更有参观半导体制造实验室，各式各样半导体合成器具，使得在红宝石等衬底上合成高质量的芯片成为可能；价格不菲的"光刀""光镊"，利用激光就可以实现半导体的精密切割和粒子捕获；参观中看到清华同学在显微镜下聚精会神地观察芯片沉积、丝毫没有受到我们影响的状态，让我切实感受到清华优良的学风，心向往之……

当时的我，简直不敢相信：这么多优点的集合体，是清华，而不是幻想！这不就是我在梦中经常想要到的地方吗？能来清华读书，将会是多大的人间享受啊！

就在我刚刚树立起理想之时，猝不及防地就迎来了一盆冷水。在游学清华期间有一天是考试的，这是清华对于全国优秀中学生

第2篇
心之所向，皆露锋芒

知识水平的一次检验。尽管在之前我做了充分的准备，却还是收获了物理没有一道大题能够做完、数学选择基本靠蒙等惨痛的结果。更可悲的是，在考完与其他同学交流时，发现同学们谈论的都是我难以理解的诸如"泰勒展开"等方法，而且是谈笑风生、无比亢奋。

那时，我才清楚，自己离清华的差距还有多大。我只是在小池塘中的一条大鱼，或许在自己的一方天地中可沾沾自喜、骄傲自满；当汇入江河后，就只是其中的一只小虾，虽也想吃到那最美味的成功果实，却只能在大鱼的夹缝中生存，捡拾一些别人剩下的残羹冷炙。

那晚，在清华，我哭了一夜……

回到学校，我俨然换了一个人。我不再有之前的迷茫，也不再有之前的疑问；我不再为复习时不能获得新知识的单调乏味而苦恼，而是全身心地投入其中。因为现在，复习对我来讲有了完全不一样的意义。不再仅仅为了应付高考，我是在为自己心中的梦想——清华而战！

我知道，这是一个无比困难且艰巨的目标。高考赛场上，有无数的学子奔着清北而去，而我要实现自己的梦想，必须战胜对手。况且，在清华考试的教训深刻地告诉我：对手如此强大，自己如此

向上的力量

弱小，如果不加倍努力，又怎能取得成功？如果因为自己不努力，而错失了实现自己梦想的机会，那将是何等的遗憾！

就这样，在理想的激励下，我在高考的赛道上摸爬滚打，奋力前行。这一路，遍布坎坷荆棘，遍布急流险滩，遍布悬崖峭壁。但我心中有梦、眼中有光，这一路，我从未放弃！

高中，我为将来而习，终为将来实现梦想而幸福！

现在，在清华园中回首这段拼搏的历程，我依旧心潮澎湃，难以平静。感谢当时的自己，努力奋斗，将我推进了清华！

十几载，从最初为好奇而学，到初中为求知而学，再到高中为未来而习，一路走来，学习为我带来了无数欢声笑语，无数美好回忆。为自己而学，享受奋斗的过程吧，你会发现，学习别有一番风味！

SECOND 2

探索，让自己闪闪发光

个人信息

张懿宁　　高考分数：658
毕业于甘肃省西北师范大学附属中学
2019年考入清华大学经济管理学院

寄语

我们不能做守株待兔的人，而要做努力奔跑的人。

导读

什么是闪光点？每个人都有闪光点吗？如何寻找闪光点？当我们想明白这三个问题，就一定会找到属于自己的独一无二的闪光点。

在自然界中，有这样一种现象：越是在漆黑的夜里，就越有耀眼的、成群的、闪亮的星空。夜晚如此，人也是如此。所以，不必纠结于我们是否有闪光点，而是要努力发掘、寻找自己的闪光点。

向上的力量

无论此时，你已经成为璀璨夺目的星空，还是依然如草芥一般平凡，相信自己，你是独一无二的。与生俱来的完美天赋毕竟是少有的，而经过发掘的闪光点才是多数的。所以，我们不仅要美，还要有一双发现美的眼睛。

启蒙

小学一年级，某次的班会主题是"寻找闪光点"。当时的我懵懵懂懂，根本不知道"闪光点"是什么意思，更别提"寻找"了。但看着黑板上的那五个大字，它开始在我心里生根发芽。后来年长一些，曾有老师这样说："'海阔凭鱼跃，天高任鸟飞'，你们有无穷无尽的舞台来展示自己，关键在于你们是否能够找到自己的闪光点，是否可以在属于自己的舞台上尽情舞蹈。"我竟被勾起最久远的记忆，也不禁思考了良久，到底什么是闪光点？每个人都有闪光点吗？我们应该如何寻找闪光点？在后来的成长中，在跌跌撞撞的前进和无数次的摸爬滚打中，对于这三个问题，我慢慢有了自己的答案。

第 2 篇
心之所向，皆露锋芒

摸索

小学二年级，我们学校有了社团，每个人可以按照自己的喜好选择，只要通过考核之后就可以加入。起初，我陪好朋友去了舞蹈社团。她的表现很好，但是我并不擅长舞蹈，在选拔的过程中，我畏首畏尾，遗憾落选。或许是伤心自己的淘汰，或许是嫉妒朋友的优秀，我蹲在舞蹈教室门口哭了起来，朋友拉着我的手，说："你不是最爱画画么，我陪你去吧，肯定能选上。"的确，相比舞蹈，我更喜欢绘画，也更擅长绘画。于是，我擦干眼泪，又去了美术社团。在美术社团的面试上，我变得从容多了，也自信多了，对考核内容也可以很快完成。好朋友说，那时候的我，真的好像一颗星星，闪闪发光。原来，每个人都是不同的，我也有自己的闪光之处。

感悟

闪光点就是可以让你看起来闪闪发光的东西。闪光点并不是外在的发光点，而是自己由内而外散发出的一种气质。如果一个人仅仅凭借外在的东西来装饰自己，那么只能是徒有其表。但如果一个人有属于自己独一无二的闪光点，那么他就会在众人中脱颖而出。

向上的力量

有人"清水出芙蓉,天然去雕饰",那么清纯就是他的闪光点;有人"出淤泥而不染,濯清涟而不妖",那么正直就是他的闪光点;有人"读书破万卷,下笔如有神",那么学识渊博就是他的闪光点;有人跑起步来"虽乘奔御风,不以疾也",那么跑步飞快就是他的闪光点;有人"谈笑间,樯橹灰飞烟灭",那么从容自信就是他的闪光点。看吧,有闪光点的人,总会被人看到。如果暂时没有,那只是时候未到。

每个人都有不同于他人的优势,每个人都可以在属于自己的领域闪闪发光。常言道:"君子和而不同",因此,我们不用盲目地模仿他人,不必急于与别人趋同,更不必羡慕或者嫉妒,因为别人有的,你不一定拥有,而你拥有的,别人也许正在羡慕。

寻找

有人自卑,总是用怀疑的态度看自己,觉得别人都闪闪发亮,但自己却黯淡无光,从而变得更加没有信心,生活学习都提不起兴致。这个想法大错特错。我们应该明确:每个人都有属于自己的闪光点。绝大多数人的闪光点都不是与生俱来的,而是后期养成、后期发现的。一个小朋友从小就爱胡写乱画,那么长大后绘画就可能

第 2 篇
心之所向，皆露锋芒

会成为他的闪光点；一个小朋友从小活蹦乱跳，那么长大后舞蹈就可能会成为他的闪光点；一个小朋友从小就爱说话，那么长大后主持就可能会成为他的闪光点。有时候，一个人的闪光点正是来自自己某个不经意的举动，或是不经意流露出来的某种品质。他可能不易被发现，但是努力发掘，加以培养，每个人的点点星光都可以变得璀璨耀眼。

那么，我们应该如何找到自己的闪光点呢？

我感觉，最好在自己感兴趣的领域慢慢摸索，其实自我探索本身就是对自己的一种关爱。寻找闪光点一定不是"拔苗助长"，而要"循序渐进"。为了培养自己的闪光点，一开始就做出一些违心的选择，短期可能会有效果，但是能不能长久保持下去却不得而知，所以从自己最擅长的方面入手总不会错。

记得幼儿园时期，涂鸦就是我最大的兴趣爱好，尽管并没有经过专门的学习，但我拿起笔来总是觉得得心应手，涂涂画画也让我开心异常。记得小学一年级，美术课的时候，老师让我们画一个西装革履的人。没有任何的参照物，我却从容完成。美术老师看了，对我大加赞扬，说绘画一定是我的天赋。她的表扬可能是随口一句，但我骄傲满满，从此对绘画更加自信，一谈到画画就两眼放光。后来，我如愿加入了美术社团，开始利用课余时间去美术室画

向上的力量

画并参加各类绘画比赛。慢慢的，我的绘画水平提高了，对色彩、形状的掌握也更好了。更重要的是，找到自己的闪光点后，我变得更加从容自信。小学的绘画经历让我明白，一个人的闪光点不是突然形成的，而是循序渐进养成的。

培养

闪光点有些是与生俱来的，也有些是可以后期培养的。无论怎样，它都能在我们的人生中发挥着不可或缺的重要的作用。勇敢探索，用力发掘，找到自己的发光之处，然后细心打磨，久而久之，我们就会成为更加优秀的自己。

刚上高中的时候，我的学习成绩不是很好，特别是面对物理、化学等科目，常常无从下手，一度失去了自信，变得非常焦虑，但是回到绘画马上又会生龙活虎，那时我才知道，拥有属于自己的闪光点是一件多么幸福的事情。我非常清楚，自己不可以一直沮丧下去，而是要尽快调整状态，在黑暗和困苦面前，一束光亮愈加显得弥足珍贵。

我迅速调整心态，主动找到老师，在老师的帮助下，我很快找到了适合自己的学习方法，焦虑情绪得到了缓解后，渐渐地，我开始对物理产生浓厚的兴趣。后来我的物理成绩有了显著的提高，面

第2篇
心之所向，皆露锋芒

对着一个个不断被攻克的物理难题，巨大的满足感又充满了我的内心，对物理的学习也更加如鱼得水，物理也被正式列入我的第二个闪光点。伴随着物理成绩的提高，我的整体学习成绩也提高了，对于任何一个学科，我都不再心存畏惧。高中的物理学习经历让我明白，"星星之火，可以燎原"，我们的每一次进步都可能成功将自己点亮。一个，两个，三个……我们身上其实有很多的闪光之处，只是需要你伸出手，抹去蒙在上面的灰尘。

什么是闪光点，每个人都有闪光点吗，我们应该如何寻找闪光点？这些问题，你是否有了自己的答案？你或许对什么是闪光点还懵懂，但请别着急，因为成长的道路总是漫长而又曲折的；你或许尚未发现自己的闪光点，但是请别灰心、别气馁，再坚持坚持，也许是明天，也许是后天，你终会发现自己的独一无二；你或许感到很迷茫，不知道从何处寻找自己的闪光点，请再给自己多点耐心、多点时间，通向闪光点的那条路总会延伸到跟前；或许你足够幸运，已经找到或已经在属于自己的舞台上熠熠生辉，但也请记住，人外有人，天外有天，请永远不要停止前进的脚步。

我们不能做守株待兔的人，而要做努力奔跑的人。勇于探索，勇于尝试，就会找到自己的闪光点。请相信自己吧，属于自己的闪光点就在不远的前方，等待着我们去挖掘、去探索！

THIRD 3 学路漫漫，坚持为善

个人信息

张文瑞　　高考分数：689
毕业于山东省青岛市第二中学
2020年考入清华大学车辆与运载学院

寄语

　　学习之路漫漫，时而枯燥、时而乏味、时而困难、时而力不从心，但再坚持一下，你就会有意想不到的收获！

导读

　　高中是学生时代最苦最累的三年，而我与别人还不一样，因为参加了中科大少创班，我上了一年高一，半年高二和一年半高三。这三年，可谓是一路坎坷，每当经历挫折时，我会一直跟自己说"再坚持一下，你一定行"。简单的话语支持着我走完了艰苦的三年，当然其中也不乏一些自己学习、放松的小办法。希望下面我的生活与心路历程能给读到此篇文章的你以鼓励和帮助，激励你们更勇敢地走下去。

初入高中，力争上游

2017年夏天，我从初中毕业，进入到高中学习。我就读的青岛第二中学，是青岛最好的高中，坚持素质教育，学习设备也非常先进，一直是我梦寐以求的高中。然而，中考的竞争也是非常激烈的，中考满分780分，二中的分数线是730分，我中考成绩还不错，如愿以就读校初中状元，全市前20，总分752.5的成绩进入了二中学习。

青岛二中聚集了全青岛市学习最好的学生，大家都知道彼此厉害，但并不清楚彼此的真实水平，所以进入高中的第一次期中考试在所有的同学、老师、家长眼里都十分重要，它好似一块试金石，能检验你到底有多耀眼。我以高分成绩进入二中，心里除了斗志，其实也有很大压力。我憋着一股劲，不想给自己的初中丢脸，更不想给自己丢脸。

最初的半个学期，自己求胜心切，不顾方法地往前冲，每天天还不亮就已经到教学楼开始学习，晚上教室都空了，自己才会走。

向上的力量

为了期中考试，我起早贪黑、不舍昼夜，很快，考试如约而至。考试中的紧张情绪自不必说，更多的还是期待考完之后自己的成绩，希望了解自己的水平和大家的底细。结果并不尽如人意，已经记不清是哪几科考得不好，只记得当时成绩排名已经到了年级88，看起来很吉利的数字，自己却十分郁闷、失望。我到自习室发了一晚上，不知道自己哪里做得还不够，为什么成绩如此弄人。

公布成绩后的第二天正好是星期五，下午，我从学校回了家。一回家妈妈就安慰我，说她已经很满意了，再接再厉就好。但我心中却怎么也过不去那道坎，反复思考自己到底哪个地方出了问题，可总也找不到答案，竟还生出一种力不从心的感觉。万般无奈时，我安慰自己："不要急，学习方法要慢慢摸索，再坚持一下，再坚持一下你肯定能找到自己的缺点。"期中考试之后，我不再拼时间，不再盲目地背记、盲目地做题，而是回到中考前的状态，巩固基础，总结方法，提高效率。

功夫不负有心人，自己的改变还是带来了一些效果，在随后的期末考试中，我来到了年级55名。尝到了甜头之后，我坚定了自己的方法，不再一味地死学，而是尽量提高自己的效率，劳逸结合。就这样，上学期在经历了一次低谷后，终于又重新站起来，在高一最后一次的期末考试中，自己的成绩上升到年级16名，这给了我莫大的鼓励，也让我对自己以后的学习更加有信心。

在漫长的学习过程中，我们总会遇到许多力不从心的时候，有的人或许因此一蹶不振，而有的人却会一心解决问题。没办法一口气解决，那就一步一步来解决，可能无法立见成效，但滴水穿石，在日积月累中总会有所改变。当有了改变，你便会更有动力继续坚持下去；如果还没有改变，不妨再坚持一下，时机成熟之时，必然破茧成蝶，小有所成。

半年高二，半年高三

高一总算给了自己一张满意的答卷，面对即将开始的高二生活，我更加自信。然而就在开学后的第一个月，爸妈给我报名了中科大少创班，我也顺利通过初审。这也意味着，在高二阶段，我就要迎接一次高考。

山东省的高考以我所在这一届为分水岭要实行新高考模式。上一届还是考理综，而我们面临的却是6选3了；不仅考试形式不同，考试内容也有差异，6选3的考试范围更大，课堂内容也更多。例如，传统理综考试，每科最后大题是2选1，但是新高考是两个都要做。在这种复杂的情况下，我的面前有两条路，一条是正常上高二，另

向上的力量

外一条是高二下学期跟高三，按照高三的节奏复习、考试。正常上高二的话就不会落下课，但是没有紧张的氛围也没有多次理综的训练。跟高三的话可以有更多考试的机会，也有良好的氛围，但是会离开自己的班级，去到一个陌生的环境，当然也会落下很多课。

先说说两个学期中间的寒假，因为要追赶高三的进度，我自学了生物、物理两本书，还完成了所有科目的一轮复习。过年也只给自己放了大年三十一个晚上的假，之后都在埋头苦读。这个过程是很枯燥的，每天重复着同样的流程，吃—学—睡。有的时候自己都有点麻木，对这样重复的动作心生厌烦。这种时候我会看点自己喜欢的小说或者听听歌、描描字帖，待心情平静再继续学习。好不容易熬到寒假结束，再次回到学校学习。

陌生的环境，陌生的同学，没有人会关心你这个从高二升上来的学生，大家都沉浸在自己学习节奏中。我们的高三教学楼隐在山里，离高一高二教学楼很远，离马路更远，每天只能听到山里农户养的鸡、鸭叫声，十分安静，却也十分孤独。

每天的快乐源泉可能就是自己的点点进步，比如说自己理综在规定时间内又多完成一道题，正确率又升高一点。此时的我过着如苦行僧一般的日子，有时候也在想，为什么放着更容易的路不走，而要给自己设难题，但反念马上会推翻这个想法，没有哪一个高三

第 2 篇
心之所向，皆露锋芒

学生是轻松上岸的，该吃的苦，早晚要吃，只有耐得住寂寞，才守得住繁华。当时，我心中有一股信念一直支持着我，自己已经选择了一条路——跟高三走下去的路，不管有多少荆棘坎坷，我都要坚持下去，既然是自己认定的道路，再难也要扛下去。每当遇到困境的时候，我都告诉自己，再努力一点，再咬牙一下，再进步一点，守得云开见月明，我能挺过去。

当然，我对自己成绩的期待值也是很高的。记得跟着高三的第一次考试算是我的高光时刻，数学考了全校唯一的满分，自己的成绩进入了市前150，按照这个成绩裸考中科大也是有可能的。然而也因为这次考试，自己有些骄傲，目标设定开始偏离实际，导致后面的每次考试都倍感压力。心理的超负荷随之带来的就是身体的反抗，当我因生病休息一周重返校园时，离中科大少创班的高考只有两周了。

最后两周是最辛苦的，没有老师讲课，没有考试，有的只是从早到晚自己学习的静悟。每天早上精神饱满地来到教室，晚上无精打采地回到宿舍，整个人就像掏空了一样。高考是一场心理和身体的博弈，我深刻体会到了这一点。幸运的是，无论经历了什么，我都坚持住了，坚持到了高考，坚持到了英语考试结束铃声的响起。

最后，我在校考环节还是发挥失常，没能进入到下一轮面试，但我对这次成绩也还算满意——全省排名1900名左右，总分651。在这个过程中，我满意于自己从未轻言放弃，在这个过程中，我经历过顶峰，也坠落过低谷，不虚此行。

再战高三，踌躇满志

中科大少创班失利之后，我多少有些伤心、有些失落，毕竟一个高二就解脱的机会这样飞走了。但我也知道结束了就是结束了，旧的旅程走到了终点，该放下还是需要放下，新的旅程就在眼前，必须赶紧收拾心情，重新踏上新的征程。

由于前面已经提前半年进入了高三的状态，所以当再次迎来一年高三其实对我并没有什么太大的心理冲击，甚至感觉更加轻松，更加自如。

如果确实要说高三一年中，给我最大的冲击是什么？那无疑就是疫情。高三上学期期末考试我再次突破自己进入了年级前5，高高兴兴地开始了寒假的学习生活。哪知疫情突如其来，把我打了个措手不及——线上课堂无法专注听讲，家里学习效率低下，整体状态以我可感的速度在大幅度下滑。幸好疫情控制得及时，4月份我又回到了学校。回校的第一次考试，我就直接跌出年级前30名，问

第 2 篇
心之所向，皆露锋芒

题暴露无遗。

很多同学和我一样，此时都有一种深深的无力感。在这个坎上，有些同学直接就铩羽而去了，而我确是不甘心的。高三才刚刚开始，怎么能就此折戟沙场呢，我告诉自己，再赶赶，我可以的。在学校里，我尽可能抓紧一切可利用的时间补充在家中学习的缺失，努力提高自己的学习效率，尽快恢复到疫情前的状态。还好我早早熟悉了高三的学习生活，已经摸索出适宜自己的学习方法，也很幸运高考延期一个月，给了我充足的时间准备。

二模的时候，我状态有所回升，进入年级前20。高考的前一晚，我跟自己说："坚持住，最后四天的博弈，那么多苦与痛你都坚持过来了，最后四天放松心情去考就好，加油！"

我信心满满地走进考场，第一天就遭遇失利，数学考试并不理想。我稳住心神、提醒自己要冷静，谁知接下来的物理立刻又给了我一个下马威。我的心情变得复杂，自己最擅长的两科都出现了失误，怎么办？我用了很大的努力压制住心中翻腾的想法，不断告诉自己，不到最后一刻，都有翻盘的机会。可能是真的丢掉了包袱，后面的化学、生物超常发挥，考出了接近满分的成绩。

负重而行会让我们压力倍增，当感觉无法承受时，我们不妨果断地甩掉包袱。当真真正正轻松上阵时，我们可能会发挥出更大的

向上的力量

潜能。而每一场大型考试，无论是中考还是高考，能体现出我们平时水平便意味着超常发挥。一科的成绩无法决定整个考试的结果，学会及时调整自己，抛去身上的包袱，哪怕到了最后一秒，都不要轻言放弃，每个人都有翻身的机会。

记得高考出分的那天下午，全家守在电脑前，看着电视的转播，紧盯着时间。开查时间一到，我马上登录网站，信息输入后紧张地按下确认键，689！刚看到成绩的那一瞬间，我们都有些愣神，沉寂了5秒之后，妈妈激动地从沙发上跳了起来，爸爸脸上也露出了开心的笑容。我也突然一阵释然，一切的坚持与努力都值得了，无论多么艰辛，多么困难，我终于到了最后，一个好的结果就是对我所有付出的回馈。

在漫漫求学道路上，高中3年只是小小的缩影。无论是在小学、初中，还是高中，我们总会在学习、生活的各个方面遇到大大小小的挫折，当然也会产生无数次想要放弃的想法。每当遇到挫折，都请咬咬牙，对自己说，再坚持一下，再努力一下。当克服种种挫折后，再回首自己的经历，我们定会感觉，自己本身也可以如此传奇，我们一定会特别感谢当时的自己没有放弃。我的坚持把我送到了清华大学，相信你们的坚持也可以将每一个努力上进的你们送到自己理想的大学。

FOURTH 4

信念之灯，照亮前行

个人信息

于思瑶　　高考分数：640

毕业于辽宁省本溪市高级中学

2018年考入清华大学法学院

寄语

不要让未来的自己为今天的自己而悔恨。

导读

我们常常在名人名言、人物传记中看到"信念"这个词，优秀的人、成功的人都是在不断坚定信念的过程中走向成功。当我们迷茫的时候，困惑的时候，沮丧的时候，信念就像是前方茫茫道路上的一盏明灯，像是航行在无边海洋中的一座灯塔，时刻提醒我们该做什么，想成为什么样的人，过什么样的生活。

向上的力量

点亮信念之灯

　　小时候，老师或家长最常问到的一个问题就是："你的梦想是什么？""你想成为什么样的人？"这种问题的答案大多数是科学家、航天员、艺术家等职业，这些梦想看似遥不可及，但是却有人为这样的梦想坚守终生。这些小时候懵懂的梦想给了我们最初的信念，这些信念可能会受挫、可能会改变，甚至可能会消亡，但它们始终是我们坚定前进的力量源泉，我们永远都会记得为了信念而努力的过程。

　　海子在《夏天的太阳》一诗中写道："你来人间一趟，你要看看太阳。"这里的"太阳"就可以理解为我们每个人心中的信念，这些信念必然是不同的，但都无疑推进着我们勇敢前行。在我们当今的时代，太多人叫喊着"躺平"，重复颓丧的生活，失去了生命本身的意义价值。如果真的"躺平"，当我们回顾这一生的时候，又能留下什么努力生活过的痕迹呢，这样的"躺平"必然是会带来更多的遗憾和悔恨。

　　所以我们要有自己的信念，勇敢坚定地点亮信念之灯。这个信念可以是学会某个技能，达到某个目标，实现某个理想，甚至最简

第2篇
心之所向，皆露锋芒

单的，每天坚持一个好习惯。当我们有了信念，就会发现生活开阔了很多，很多看似的困难和障碍都不足以阻挡我们坚定前进的步伐。

还记得到了高三，学校都会进行"百日誓师"的宣誓活动，教室后面也会贴上"高考必胜"的条幅，每天上学，同学们之间会互相传写鼓励的纸条。现在想来，正是这些支撑我走过漫长、枯燥、艰难的岁月，时刻提醒我自己还有信念、还有目标等待我去实现。面对倒计时不断减少的数字，我经常会有一种无力感，对未来的未知担忧，对枯燥单调学习生活的迷茫。此时，我就会看看教室里贴的条幅，在课桌贴上鼓励自己的纸条。把这样的信念外化成具体的东西，在迷茫困惑的时候多看一看，帮助自己重燃信念之灯。

  从初中开始，我的信念就是对清华园的向往。最开始这份向往之情，来自我在初二的时候，学校组织同学到北京开展夏令营研学活动。尽管从小到大都听说过"清华北大"，但是在我的印象中从未有过清晰明确的概念，只知道学校很好，对于自己却是非常遥远的，甚至都不清楚什么是大学，该怎么考大学。但当我来到清华大学的西门，走在宽阔的清华路上，看着两边繁茂的银杏树，看到校园中学习的学姐学长们，这一刻，我的心脏仿佛被什么东西击中了。"我想要到这样的学校读书"，这是我当时真真切切的内心想法，也正是从这个时候，进入清华园的信念就深深烙印在我心中。

  离开北京的时候，我买了清华大学的校徽、书签等纪念品带回家里，甚至到现在，我依然保留着初二时在北京购买的清华大学纪念品。这个校徽从初二开始，一直挂在我的书桌上，每当我在枯燥的学习任务中想要休息、面对不理想的成绩想要放弃的时候，我都会拿出校徽看一看，回想自己在清华园里看到的一切，重燃内心的信念。这样的信念鼓励着我，支持着我走过漫长的学习之路。

  现在我终于实现了自己当时的理想，在坚定的信念支撑下，我来到了清华园，重温初二时在校园内走过的道路。如今我也成了自己曾经极其羡慕的清华园里的学生,我可以做到,其实你也可以,请找到支撑自己走下去的信念吧!

看脚下一片黑暗,望头顶星光璀璨

一时的信念,头脑中一瞬间的电光石火,必然是不能支撑我们走过脚下的黑暗的。在漫长的成长道路中,在追寻更好的自己的路上,不断持续地坚定信念是尤为重要的。

我们可能都听说过"青蛙爬铁塔"的故事,最后成功登顶铁塔、看到美丽风景的青蛙竟然耳聋。而正是因为它听不到同伴的怀疑议论、沮丧气馁,不管别的青蛙如何议论、如何叫喊,它仍以缓慢的速度继续向塔顶爬去,最后顺利地爬到了塔顶,在塔顶欣赏到了别的青蛙看不到的风景。这只小青蛙不是最强大的也不是最聪明的,但是正因为它听不见,没有受到同伴的干扰,保持最坚定的信念,执着坚定地向自己心中的梦想努力,所以创造了奇迹。

我们又何尝不是正在攀爬铁塔的青蛙呢?而我们是成为半途而废的青蛙,还是坚持到最后的青蛙,很大程度上就决定于我们的信念。

但是只要是信念,就必然会有被动摇的时候,我们可能会像攀

向上的力量

爬铁塔的青蛙一样，怀疑我们所正在做的事情是否真的有意义？我们能否最终成功？我的建议是在前进道路中，只管坚定信念，努力前行，不要想太多结果，即便最后没有取得我们想要的结果，至少过程也是不后悔的。

"不要让未来的自己为今天的自己而悔恨。"这句话是我从初中开始就贴在桌面上的一句话，这句话时刻提醒着我别忘记了自己的信念。其实回顾过去，我也遇到过很多困难和挫折。还记得高考前20天的最后一次模拟考试，由于各方面的原因，我取得了高中以来的最差成绩。我当时内心惶恐不安，突然开始担心自己高考能不能正常发挥，怀疑自己三年以来的努力是否有意义，对即将到来的高考不知所措。在这次模拟考试之后，我经历了两三天左右的失落沮丧，第三天晚自习的时候，我突然在自己的数学错题本中翻到了夹在里面的这张纸条，上面写着："不要让未来的自己为今天的自己而悔恨。"还是中学时贴在桌面上的那句话，看到时，我仿佛是被当头一击，突然间这几天的沮丧和失落都烟消云散了。是啊，曾经的我是多么努力执着地追求理想，不断奋斗，怎么可以因为一次不理想的成绩而退缩气馁呢。即便是脚下一片黑暗，我也相信心中的信念会支撑我看到头顶的星光璀璨。

第 2 篇
心之所向，皆露锋芒

点滴之中，坚守信念

中学期间，我最喜欢的一本书是海明威的《老人与海》。这本小说讲述了一个极其平凡但又伟大的故事，老渔夫桑地亚哥，在一无所获的48天海上漂流之后，遇到一只巨大无比的马林鱼。老渔夫和这条大鱼在海洋里英勇搏斗，经历两天两夜终于把大鱼刺死，但鱼最后却被鲨鱼吃光了，老人只得到一副光秃秃的鱼骨。"人不是为失败而生的，一个人可以被毁灭，但不能被打败。"书中的这句话，也在很长时间内是我的座右铭，直到现在也时刻提醒我如何面对生活中的困难。桑地亚哥能够在大风大浪、生命危险下坚持，源于他对远洋捕鱼的执着信念，我们的生活又何尝不是在海洋中和大风大浪搏斗，我们又能否坚守内心的信念？

如何能够坚守自己的信念，找到自己的大马林鱼呢？结合自己的经历来说，我很建议把信念具体化，具体到点点滴滴的细节中。从初中开始，清华园就是我的信念，为了能守住这份信念，我把它具体到学习生活的细节上。比如，可以通过写日记的方式梳理自己的心态变化，每天坚持在日记中写下自己的信念和理想，当我们受到挫折，遇到困难时，打开看一看曾经的信念追求，可以给我们提供继续前进的动力。我在中学期间的日记本，堆起来有半个人高，直到现在，我也坚持通过日记梳理自己的生活，不断追求新的信念。

把信念落实到生活的点滴中，可以帮助我们更好地做好当下的每件事情。与其每天喊口号，不如先做好手头的事情，记住一个单词，学会一道数学题，背完一首古诗词……这些看似微小的事情，如果坚持下来就可以帮助我们坚守住信念，不被现实打垮。信念是远方的灯塔，一直都在，而想要走近信念，守住信念，就需要一步一步在大海中航行。

信念是灯

信念是灯，照亮前方的道路，点燃心中的希望，无论你的信念是什么，在漫漫长路上，都希望你可以找到属于自己的灯。即便当下的你正处在迷茫困惑之中，也不要中断寻找自己信念的脚步，并为之坚定执着地奋斗，不要害怕辛苦，不要害怕难熬，请坚持下去，必然能看到璀璨星空。

FIFTH 5

18—40—80—3，我的逆袭之路

个人信息

陈 晨　　高考分数：**678**
毕业于湖南省长沙市长郡中学
2015年考入北京大学医学人文学院

寄语

曾经以为努力了之后就可以成功，我错了。其实真相是，努力后失败，失败后再努力，坚持努力，你才能走近成功。

导读

那一年，我身在全湖南省最好的高中之一，周围强者云集，我也不甘示弱。在高三的第一次关键性月考上，年级1000多人中，我考了第18名，一个几乎已经可以稳上清北的名次（长郡中学每年以高考裸分进入清华北大的人数在20人）。可谁承想，努力过后的下一次月考是第40名，疯狂努力过后的再下一次月考是第80名……命

运像给我开了一个巨大的玩笑，我的努力带来的居然是排名的指数型增长。在明知方法正确，努力却不带来回报的绝望困境中，我究竟是如何走上新的巅峰的呢？

年级第18名

高三第一次月考成绩出来时，我考了年级第18名，这个名次已经基本可以保证半只脚踏入了顶尖学校的大门。这是我第一次考进年级前20名，成绩不错，但丝毫没有影响我做好打高三这一场硬仗的准备。我按照自己过去的方法，开始安排每天的复习计划，把作业的完成时间挤在短暂的中午，把早晨和晚自习的完整时间预留出来进行复习。长期的经验告诉我，成绩的提升对我而言绝非难事，只要认真地做、正确地做，付出努力，就可以有所收获。我相信我自己，也相信自己的信念。

年级第40名

第二次月考成绩出来，我满怀期待地去看名次，本想："维持在20名左右就挺好的，说不定有提升？"一个不温不火的数字——

第 2 篇
心之所向，皆露锋芒

40，这个名次硬生生将我打回了高二的原形。我开始慌了，这和我想象得不太一样，高三了，我比以往更努力，可是为什么成绩不上反下？这个成绩就好像吊在顶尖学校的边缘上，虽不至于下来，但上也上不去，一种危机感涌上心头。看着周围的大牛们，又听说了同学家里凌晨两点的灯光，我意识到，这不再是过去只要自己稍努努力成绩就可以往上爬的日子了，每一个人都在拼，每一个人都在向上进步，普通的努力已不再能保证你可以超越别人。

我下定决心，必须拼一把，所有人都在往前赶，我不能就这样被落在后头。我开始挤出课间的时间完成作业，精确计算每天上课、下课、吃饭和睡觉的时间。小至一组选择题，大至一套模拟卷，我掐着表，完成自己大大小小的复习计划。每天清晨天微微亮，我第一个赶到教室。下午下课吃饭，我跑着步冲下六楼，跑着步到食堂，在十分钟内解决掉饭菜，以至于6点10分放学的我，可以在6点30分之前重新出现在教室里，继续开始学习。晚上11点多晚自习结束，我总是留在教室里带着当日所碰到的问题请教其他优秀的同学；没有解决的问题要求自己第二天一定要在课间找老师问明白、解决掉。我疲惫又自信，我知道自己的方法没有错，也试图做到最好，我的一举一动都在老师和同学们的注视下，他们称我为榜样，我也努力稳定心态，不骄傲、不浮躁。

向上的力量

年级第80名

第三次月考成绩出来了,名次贴在班级的墙上,大家簇拥成一团,争先恐后地寻找自己的名次。我心里有大半的自信:从小到大,我相信努力了就会有好的结果。在这一个月里,我做好了每一件事情,复习好了考试中遗漏的每一个知识点,有什么理由会考得差呢?但自信中我也有一些小小的担忧:大家都在努力,我的名次也许长进不了多少,可能还在第三四十名的样子?再差一点儿,掉到50名我也还能接受。

心里想透彻了,我在人散了一些的时候慢悠悠地走了过去,顺着表格从上到下(名次表从第一到最后一名自上往下依次排列)开始找自己的位置。然而,一个接着一个,不是我,还不是我,我的心随着目光的下移,慢慢地下沉,我感到浑身上下开始发热、发麻,耳鸣逐渐超过了周围同学讨论的声音,好像有什么东西卡在喉咙里。直到我看到"陈晨"两个字清晰地摆在纸上,那个以往总在偏上位置的简单名字,现在摆在多少名字的下面,毫不起眼……

80!为什么?我无法动弹,脑子里的这三个字炸开了:"为什么?"难道是方法不对吗?可是每一科的方法都是我认真思考,根

第2篇
心之所向，皆露锋芒

据自己的特点，结合老师的建议，长期探索、发现有效而得来的。难道是我不够努力吗？30天里，我每天6点30分第一个到教室里拿出书本，每晚自习之后还坚持在教室里最后一个走掉；每一次下课我都没有用来休息，而是利用课间时间来复习和精进琐碎的知识点；有时太累，脑袋总在"钓鱼"，因为担心养成一犯困就倒下的习惯，我从不允许自己趴下，努力坚持着，终于练就了自己白天没有一刻迷迷糊糊、晚上能高效入睡的习惯。我从没有像这样拼命地逼过自己，从没有像这样时刻紧绷，从没有像这样渴望成功，我难道还不够努力吗？我的信念崩塌了，说好的努力一定会带来回报呢？说好的天道酬勤呢？我的心跌入谷底，不知道接下来该做什么，还要努力吗？可是努力又有什么意义？

我浑浑噩噩地从座位上站起身，拖着身子一步一步地朝楼下的班主任办公室走去。推开那扇沉重的门，门里是吵闹的，同学们正围着各科老师问试卷上的问题。挪到班主任的办公桌前，他的桌旁已经站了好多同学，我直直地朝他望去，没有害怕，只有脆弱，张着嘴，却一个字也说不出来。他抬头，看到是我，突然郑重地说："陈晨，你相信我，如果你从现在到高考都像这个月一样努力，你一定会考得很好。"

那一瞬间，我泪如雨下。

向上的力量

我泪眼婆娑,仍然说不出一句话,只是用力地点点头,转身离开了办公室,朝教室走去。我的脚步依然沉重,我的心依然在谷底,但是我的目标坚定——我要考上最顶尖的学校,我要让所有人知道我的强大,那么我的努力就不应改变。我把眼泪擦干,回到自己的座位上,拿出月考的一张张试卷,错题一个个重标,有错误就是有问题,有问题就需要处理,那就去想办法,现在,此刻,马上着手!

"努力就有回报"是真的吗?是真的,我依然相信。只是从未有人说过,努力的下一秒就有回报,付出的明天就会有收获,通往成功的路是台阶而不是斜坡,越是到了高处,越需要保持平衡,只有一步步走稳,才可以升上另一段阶梯。走在高三的道路上,万千军马与你共同奔跑,没有人能保证自己总在超越他人,正因如此,努力和成绩应当视为两码事、两条路。我们走在努力的道路上,持之以恒,而每一次考试得到的成绩正如平行线般并行在我们身边,不论它是高是低,是好是坏,都不应让它影响我们脚下的拼搏之路。我们最应该着眼的,是每一次考试给我们找出了多少错误、多少问题、多少隐患,以指引我们接下来前行的方向。

回想每次考试成绩出来时的情形,如果非常理想,我们何尝不是沾沾自喜,相当满意,看着试卷上的错误,好像也并不太明显,觉得它们只是个别而已；而当成绩远低于预期，我们总是深刻反思，痛定思痛，试卷上的红色更正笔迹个个扎眼。那么从高考的角度来看，这两种成绩，究竟哪种对6月份的最终答案更有用呢？是成绩优秀的快乐，还是成绩差劲的查漏补缺？没有什么比一次戳中自己所有痛点的考试更有用。高考前的所有战斗，都是为了消灭所有不会的知识点，强化所有已经掌握的内容。因此，学会最大化地利用每一次考试，补一点、再补一点，才是确保在高考时交出满意答卷的最好方式。

年级第3名

在接下来的一个月里，我仍然是那个每天最早到教室，最晚迎接教室灯灭瞬间的人。得知第80名成绩的那天，我一张张地翻阅自己的试卷，拿着红笔依次更正一个个错误，反思和分析各个错误的源头：哪章的知识点掌握得不牢靠？哪个方面背得还不够好？哪项能力还需要得到加强？然后拿着试卷去请教各科老师，这类题做不出、做不对应该怎么补，怎么改进？我不害怕他们批评我，不害怕他们与我讨论分数，我只害怕自己没有方向。直到所有的问题都被聚焦，我制订好有针对性的复习计划，在30天的时间里，坚定地、

向上的力量

　　一如既往地努力着。第80名的阴影和压力还在吗？在，它在另一条平行线上静静地看着我，可是我不再害怕它，也不羞于面对自己。

　　第四次月考的成绩出来了，说不紧张那一定是假话。"可是没有关系"，我心想，"我知道我还会努力，我知道我还有遗漏的点，我隐约记得考试的时候还有不确定的题目，不确定等于不会，我要扎实。"边想着，我走到排名表前，目光正习惯性地准备从上往下移，却突然定住了，我的名字白纸黑字地打印在表格的最顶上（班级第1，年级第3），一个我从未企及的高度。我眨了眨眼睛，又看了一次，确保自己没看错，没错，是我的名字，目光不用往下移了。我听到旁边有同学说："哇，C姐（外号），厉害啦！"我竟然一时语塞，只回了"嘿嘿嘿"就赶快跑回自己的座位上。我感觉自己在发光、发热，可是没有人比我更清楚，这成绩哪里是轻松快乐换来的？上升的每一分、每一个名次都是一整个月的沉痛、一整个月的压力与三个月的坚持。那一瞬间，我的内心深处平静而安稳。我的信念是对的吗？是的，它从不被辜负。

　　可是接下来呢？下一个月的我要怎么做？沾沾自喜吗？已经有答案，我从抽屉里拿出新发下来的月考试卷，拿起笔，开始仔仔细细地把每一题重新看一遍，把一个个错误画出来，把考试时有稍许犹豫的选项标出来，开始了新一轮的反思和分析。喜悦归喜悦，但

第 2 篇
心之所向，皆露锋芒

它也只是一条望向我的平行线，见证我在努力的道路上继续一步一步地向前迈进。

写在最后

我终于如愿以偿，考上了自己想去的学校。借这个故事，我想告诉每一个正处在学习低谷、努力和成绩不匹配的小伙伴：别害怕，别难过，相信自己，在高考这条既困难又简单的道路上，方式正确的努力从来不会辜负我们。你在每一次困倦时洗的脸，每一道深夜时刷的题，每一笔一画抄下的字，都会深深地印刻在你的脑海里，在恰当的时机和未来，给予你充分的回报。希望你们知道和学会，努力和成绩这两条平行线，会伴随着你们的整个高中，教会你们如何在顺境中平和，在逆境中成长。

最后，把我的高三班主任说过的一句话送给每一位有机会看到这里的小伙伴："终有一天，回首过去，你会感激曾经如此拼尽全力的自己。"也把我自己说的一句话送给大家："学姐在北大（或隔壁）等你们！"

SIXTH 6 水到绝境是风景，人到绝处是重生

个人信息

杨子悦　　高考分数：681

毕业于陕西省西安市高新第一中学

2016年考入清华大学经济管理学院

寄语

宝剑锋从磨砺出，梅花香自苦寒来。

导读

你是否也正在经历着这样的困扰：成绩不够理想，有些学科明明也认真学习了却总是拿不到高分；排名不突出，在班里总是那个普普通通、不起眼的角色；和别人似乎付出同等的努力，却效果甚微……你是否也想来一场华丽的逆袭，从"小透明"变成"大学霸"？如果你也有这样的问题，不知道如何实现，这篇文章将带你探知一二。

第 2 篇
心之所向，皆露锋芒

无限可能，无尽空间

对于成绩显得比较普通的同学来说，其实有一个巨大的优势，那就是你有无尽的上升空间。特别是对于各个学科都不那么突出的同学，如果把这些学科"逐个击破"，说不定能有意想不到的收获。

还记得我在刚刚进入高中的时候，成绩其实并不怎么起眼。初中和高中的课程区别太大，而我自己初三暑假没怎么做好衔接，导致进入高中之后对新知识接受起来格外吃力。最为明显的就是数学、物理、化学这些学科，属实与初中是天差地别。就这样，我高一刚开始的几次考试，总成绩经常徘徊在年级中的二三百名，而且很大程度上是被我比较擅长的语文、文综拉上来的。

我们高中的教学风格，往往是在高一的时候就给大家充分接触自招题目、竞赛题目的机会，把那些适合竞赛的"高智商选手"挑选出来，尽早培养。再加上高中本身要学的东西就很多，还要给高三留出时间复习，所以高一时各科老师都在赶进度，甚至有些学科高一就要上完高中三年的所有新课。对于我这种数理基础本身就相当一般，只是文科相对好一些的同学，数学、物理是不小的挑战。

我分析了自己的成绩——大部分学科都普普通通，没什么亮点，很让人失落。但很快我就意识到，哪科都不优秀，岂不意味着在各个学科上都有可以进步的空间。特别是弱科，围绕某一个知识点的课我没有听懂，作业题也不会做，考试的时候遇到考查这个知识点的题目，不说难度如何，我都只能白白把分丢掉。那现在，我既然已经知道这方面有问题就在这方面下功夫，在哪里播种，收获就在哪里。其实，我没必要一开始就拿自己的劣势去和别人的优势对比，按照自己的节奏稳扎稳打、查漏补缺，也是一种进步。

选择适合自己的道路

以我的经验来说，做出正确的选择，也是逆袭路上一个非常重要的因素。在我们的学习、生活中，时时刻刻都面临着各种各样的选择。单从学习来讲，小到今天晚上先写语文作业还是数学作业、做完作业要不要订正纠错，大到高中在政史地、理化生里如何挑选，上哪所大学选什么专业，都是我们要做的选择。做出正确的选择，可以让你之后的路走得更加顺畅、更加自如，甚至是走上一条捷径、一条快车道。而分科与学习方法的选择就要遵循适合自己的原则。

分科：善于规划，扬长避短。

如果你觉得自己不如别人，那可能是你正在用不适合自己的方

第 2 篇
心之所向，皆露锋芒

法做着不适合自己的事情。我高中的时候，还是分文理科的。那时，我们分科是在高一结束之后，大家填一张申请表，选择自己是学文还是学理。在经过了高一一年理化生还有数学的捶打之后，我顺理成章地选择了文科。事实也证明这个选择是正确的。尽管我初入文科班的时候成绩并不在最前列，但进入文科班后，各个学科都是我感兴趣的，学习让我觉得快乐倍增，快乐的情绪会直接作用在你的学习效果上的。慢慢地，我的成绩越来越好，自己也变得越来越自信，也越来越愿意投入精力去争取更大的进步。

分科的选择，其实就是在选择更适合你的道路。所谓扬长避短，就是要彰显自己的长处，规避自己的短处。落脚在学科中，就是最大化地发挥自己的优势，擅长什么就去做什么，而对于不擅长的学科，在分科选择时大可以"放过"它，也"放过"自己。

我见过很多同学，文科和理科都还不错，两者非常均衡，因此在两者之间犹豫不决，不知道该怎么选择。有的同学听父母的建议，认为理科可挑选的大学专业更多，也更好找工作，所以选择理科；有的同学就是一门心思想要进中文系，所以不管自己的理化生成绩有多好，也选择了文科……大家在选择的时候都有自己的考量，而我的建议是：你做出的选择，一定要适合你自己。

选择了适合自己的，你才不会产生遗憾，才会愿意投入精力，

向上的力量

不再被那些不擅长、不情愿所限制，你会更加有动力去进步。

学习方法：找准问题，拒绝盲从。

很多同学成绩长时间不见起色，可能是没有找对适合自己的学习方法。从小到大，我们总听班级里成绩好的同学或者学长学姐分享自己的学习方法，不少同学也会照搬照抄。但是，每个人的能力水平、认知水平都是有差异的，又怎么会有一套通用的学习方法适合所有人呢？

我就曾经找不到适合自己的学习方法。在被数学、物理"折磨"的那段时间，我总是和班里的其他同学一样要完成那些老师布置的难度颇大的竞赛题、自招题，有时候题目都看不懂，学过的东西都一知半解，更不要说还有什么时间复习、纠错了。就这样，我盲目的辛苦跟随，却错过了最好的打基础的时间点，结果就是一拖再拖，这些学科的成绩从此一蹶不振。

第 2 篇
心之所向，皆露锋芒

而后来进入文科班，我也有过弱科，为了从根本上疗愈，我开始尝试寻找更好的学习方法。

文综三科里，我一直以来不太擅长历史。和大多数同学一样，我每天以课本为核心，配上几本教辅资料和课堂笔记，翻来覆去地反复背诵。但是，我的历史选择题总是大面积丢分，甚至经常在考试中选择题正确率不到50%。意识到自己的学习方法有问题，我下决心纠正。

经过多次考试的实践总结，我发现：第一，对于历史事件及其分析没有形成一个系统性的逻辑，所有的东西都零零散散的，考试的时候遇到比较综合性的题目就会脑子短路，联系不起来。第二，最基础的历史时间线混乱，某某事件发生在什么时期，这一时期有什么其他事件，知识点的缺失就无法做出横向对比。第三，做选择题的经验不足，不能准确把握出题人的用意。

思索良久，我制订了一份学习计划。我先去买了两本中外历史的大事年表，认认真真地按照时间线把历史知识点挨个梳理清楚。在基础知识理顺之后，我又准备了一个纠错本，专门记录各次考试和作业中错误的和重点的选择题，把错误思路、正确思路和相关的知识点写在旁边。我特别注意了没有盲目跟风——那时候，班里有很多同学会搞"题海战术"，做大量的题，但我知道，对于我这种基础薄弱的同学来说，做题的数量并不重要，重要的是能不能做对、做过的题是否有质量。

向上的力量

最终，我的历史成绩赶了上来，庆幸，我找到了自己的方向。没有一种药可以治疗百病，就像我们每个人在学习、生活中都会遇到这样或那样的问题，没有一种方法可以放之四海而皆准，要想解决问题，必须对症下药。根据自己的情况做出最适合自己的方案，不随波逐流，不盲目前进，明确了自己想要的，做出正确的选择会带你更快地走出泥沼。

大胆尝试，激发潜力

受限于比较薄弱的数理基础，我的数学成绩一直不太理想。

每年高考结束，学校都会安排所有高二即将升入高三的同学模拟一次当年的高考。我那年也不例外，班级数学新课早就完成了，一轮复习也已经开始了一段时间。可是，做完当年数学高考试卷后，我只得到了105分，满分三分之二的分数。如果说历史是不擅长，那数学简直就是我的噩梦，甚至我偶尔会产生"有一种爱叫作放手"的错觉。

可是，我看着其他所热爱的科目被数学无情拖累，又心生不甘。我再也不想经历数学成绩起起伏伏、忽上忽下、全靠运气的折磨了。现在不好又如何，还有两年呢，没有试过怎么知道以后。于是，我下定决心治治这个令我"头痛"的顽疾，好好补补数学的短板。

第2篇
心之所向，皆露锋芒

非常幸运，我后来的数学老师对文理同学的不同特点、优势劣势有着精准的把握，教学风格很适合文科生，对知识点的难度也拿捏得十分到位。在数学老师的帮助下，我慢慢把高一时的基础知识一点一点捡了起来。当然，仅凭老师的课堂讲授显然是不够的，对于数学这种学科，多做练习才是硬道理。除了平常的作业以外，我还买了一些教辅资料，抓住一切空闲时间自己练习。在挑选资料的时候，我格外注意了题目的难度——毕竟这是我的弱科，而对于弱科就不能急功近利，一定要从最基础、最简单的考点和题目入手，才能一步步稳扎稳打，慢慢提高。

我逐渐感觉到自己在数学上的进步了：从最开始的读不懂题，慢慢地可以看懂题目，可以尝试着想一想解题思路，再到熟能生巧，对于同一类型的题目能够一眼就找到破题点、迅速切入……我知道这些显而易见的变化是多么来之不易，也知道这绝不是偶然事件，它对于成绩的提高一定是长久的。

如果你也有同样的困扰，如果你也觉得自己的成绩不够理想，如果你也想"逆风翻盘"，那就从现在开始行动起来吧！不够理想的成绩，侧面反映的正是无尽的增长潜力，只要你愿意正视自己的问题，在学习方法、分科选择上做好功课，再加上踏实、沉稳、努力，就一定能够取得进步！

第 3 篇

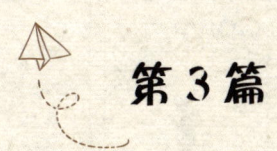

向黑暗宣战，前路必定光明

FIRST 1 磨难重重，我心亦坚

个人信息

潘通宇　高考分数：694
毕业于安徽省萧县鹏程中学
2020年考入清华大学未央书院

寄语

生活就像海洋，只有意志坚强的人，才能到达彼岸。

导读

成绩下滑、身体受伤、心态波动……学习漫漫征程中，总是遍布荆棘坎坷，总有拦路虎、绊脚石从天而降，让我们惊慌失措，令我们寸步难行。面对挫折，我们该怎么办？是被困难吓跑，还是上前决斗？我将用亲身经历告诉你，如何战胜重大挫折，笑到最后。

"人世间，不如意事十之八九。"

第 3 篇
向黑暗宣战，前路必定光明

有一副对联如此对道："人世间，条条路坎坷；谋富贵，勇往莫退缩。"

苏轼也曾赋诗道："人有悲欢离合，月有阴晴圆缺，此事古难全。"

上千年前，古人就已经用智慧告诉我们：人生路上遍布坎坷荆棘。而在这险途中，又时常有急流险滩、悬崖峭壁。进，危机四伏；退，又难以抵达目的地。身处其中的我们，又该何去何从？

人生如此，学习生活亦如此。频繁的考试，难免"人有失手，马有失蹄"；磕磕绊绊，难免造成身体的创伤；学习、社交等诸多压力交汇在一起，难免心态有起伏波动……桩桩件件，一个又一个挫折，都是对我们的一次又一次考验，而其中又不乏"大考"。身处其中的我们，又该如何全身而退？

身体受伤：学校不是学习唯一的战场

你还记得自己第一次学会骑自行车的心情吗？是不是紧张、激动又自豪。正是这样的心情，造成了我的麻痹。而血泪教训告诉我，事故，就源于瞬间麻痹。

记得那时我上四年级。在一个秋风习习的周六晚上，经过无数

向上的力量

次的辛苦训练，我第一次摆脱了父亲帮忙维持平衡的双手，终于晃晃悠悠地骑着自行车独立前进了！一种难以抑制的激动和自豪，让我脚下越蹬越快。正当我忘乎所以的时候，车轮似乎轧过了什么，车头立刻偏向了一边，径直朝路边的垃圾桶撞去。脚上传来一阵剧痛，之后脑子就有点晕晕沉沉，在一片忙乱中，我感觉被父母送进了医院。

当我再次清醒时，手术已经完成了——左脚腕处被垃圾桶的尖角划出了一道口子，缝了十一针！看着自己绑着绷带的、依旧有些隐隐作痛的脚，我开始后悔自己的疏忽大意。

没有办法，脚上的伤只允许我在家静养。一天两天还好，时间一长，我的心情开始烦躁，每每想到学校中同学们的琅琅读书声、老师们的谆谆教诲，就感到万分焦急，我错过了多少宝贵的知识和美好的瞬间，我的学业怎么办？

在这样的心情下，我决定，自学。当时并没有现在这样先进的线上教学设备，自学时我只能是看着课本和买来的一本参考书。对于四年级的我来说，当时还是有一定难度的，我试着在阅读中加入自己的思考，想象课上老师可能会就哪些部分详细讲解或提问考察，并尝试回答自己设想的这些问题。与此同时，老师课上布置的作业会通过一个阳光校园平台以手机短信的方式发送到家长的手机

第3篇
向黑暗宣战，前路必定光明

上，我严格要求自己按时完成老师布置的作业来检验自己的学习成果。如果确实有不懂的问题，我就会通过打电话的方式与老师沟通交流，确保自己能够真正理解、真正弄懂。

一个多月后，我拆线了。虽然依旧不能跑动，但是已经基本不影响日常活动。我高高兴兴地回到了校园，虽然自学的那部分达不到在学校中学习的效果，但幸好不妨碍新知识的学习。在老师的引领下，我再次与同学们一起遨游知识的海洋。

对于学习而言，心在哪里，学习的阵地就在哪里。我们可能会由于身体受伤或其他不可抗力无法返回学校，比如疫情，但只要用心投入，我们所处的每一个角落，都可以是我们学习的战场！

心态波动：关键在于战胜自己

初二的我，是一个情绪极其丰富的少年。生活中的悲欢离合，都能够反映在我那稚嫩可爱的脸上。本来，我的生活平淡如水，却也阳光明媚；直到有一天，乌云从远方滚滚而来。一道闪电横贯天空，击碎了我的太阳，我的生活顿然失去光亮，我的心河也从此波涛汹涌。

听到母亲被确诊为癌症晚期的噩耗，我那弱小且未谙世事的心

向上的力量

灵简直不堪一击。在最初，我几乎天天以泪洗面。一想到母亲的生命从此进入了倒计时，一想到我将无法与母亲一起走完人生旅程，一想到母亲给我无私的爱我却无法回报，我就心如刀绞，泪水夺眶而出。

几天后的晚上，父母从外地医院回到了家中。为了不让母亲伤心，我强忍着不哭。母亲看起来异常平静，她默默地走到沙发前坐下，然后招手让我过来，我们开始了生命的对话。

那是一场长达4个小时的促膝长谈，一直到深夜才由于时间太晚被迫停止。母亲用了4个小时，以自己的经历和人生观，为我上了一堂宝贵的生命课程。我开始反思自己痛苦与悲伤的意义——能够改变现状吗？对于无法改变的事实，是选择积极接受，还是选择消极逃避？对于即将失去的宝贵事物，又该如何珍惜？

在这次之后，我开始不断地思索着包括上面三个问题在内的诸多问题。我渐渐明白，痛苦和悲伤只是人在面对自己不希望面对的事件时的一种情绪宣泄，一种自我保护的措施，但是纵容其存在丝毫无益于解决实际问题。当我们意识到这是一件超出自己应对能力范围的事情时，最好的应对策略就是去接受它，并使它的影响最小化。在母亲生命进入倒计时的时刻，我能做的就是珍惜和她相处的每分每秒，并用自己的努力给她以慰藉，告诉她儿子已经长大了，

第 3 篇

向黑暗宣战，前路必定光明

如果有一天她注定要离去，可以更从容些。

一段时间的调整，我的生活又恢复了平静，我的天空重新升起了太阳——当然，这已经不是之前被打碎的太阳，这个可能更年轻，却更坚韧，闪烁着战胜自己后的金灿灿的光辉。在这轮新太阳的照耀下，我继续阔步前行。

重大变故，不来则已，一来就是撼天动地。当此困难之时，更考验我们内心坚强与否、世界观适应性如何。战胜自己，方为制胜法宝。

成绩下滑：不怕，从头来过！

进入高中，最大的特点就是频繁又频繁的考试。常言道："常在河边走，哪有不湿鞋。"考试多了，失误就变得在所难免。如果说一次失误并不可怕，那接二连三的失误，恐怕最有自信的学生也会对自己的能力质疑三分。

记得在高三刚开学时，学校就接连组织了几场考试，其中包括月考、联考等。那时，我踌躇满志、胸有成竹，决心延续自己在前两年的辉煌战绩，在复习刚开始的考试尤其是联考中大显身手、崭露头角。

向上的力量

可没想到，首先来的月考便给了我当头一棒——本来自我感觉良好的试题，成绩出来后，竟错得一塌糊涂，其中有很多是知识点记得不牢靠导致的失分。我当时并没有在意：一场小考试算得了什么，大的联考还在后面呢！我把这些漏洞补上不就行了，到联考再展示我的真实实力！于是，在那几天考试的间歇期，我加班加点，把月考中反映出来的掌握不牢固的知识点一一攻克了。

终于，期待已久的两次联考先后到来了。没想到，依然没有成绩被证明的欢喜，还是比较差的分数和反映出来的越来越多的各学科、各部分的知识漏洞。第三次成绩出来时，我已经彻底蒙了，我甚至感觉，同学们和老师们看我的眼神都和以前有了不同，不再是充满敬佩，而是略带失望与不屑。

为什么会这样？我怎么了？那么多掌握不牢固的知识点从何而来？紧接着一个问题更是深深刺痛了我：我还能考上清北吗？

那天最后一节自习课上，我心乱如麻，便向班主任请假，独自在校园里漫无目的地走着。教学楼外，抬头便看到了满天繁星，心底顿时想起一段熟悉的旋律：

"夜空中最亮的星，能否听清，那仰望的人，心底的孤独和叹息……"

我在星光下踽踽独行，想了很多。成绩严重下滑已经不争，我

第3篇
向黑暗宣战,前路必定光明

也给自己预设了最坏的打算。但事已至此,担心、彷徨无济于事,那只会浪费这高中最宝贵的一年的时光;我能做的就是接受现实,放下身段,立足于自己当前的定位,然后放手一搏。

回来,我不再自责考砸了的事实,也不再计较考试的成绩。我开始着眼于从中发现自己的薄弱点、自己的可提升之处,然后精准发力、重点突破;对于平时做题时出现的小错误,我也不再轻易放过,而是深入分析其错误的深层原因。

经过长达二十多天的努力后,又迎来了一次月考。而我,如愿以偿地实现并突破了自己的目标。

挫折本不可怕,可怕的就在于我们在面对挫折时,自己将自己吓倒。正如屈原在《离骚》中所言:"路漫漫其修远兮,吾将上下而求索。"我们只有战胜自我、迎难而上、坚持不懈,发扬"求索"的精神,才能在这人生的漫漫征程上,越走越远。

SECOND 2

弱科之战，要有勇有谋

个人信息

徐丽博　高考分数：627
毕业于黑龙江省穆棱市第一中学
2018年考入北京大学外国语学院

寄语

知不足，然后能自反也，知困，然后能自强也。

导读

成绩不好的学生，很多都是因为偏科。而且对于偏科的学生来说，喜欢哪一科，就会格外喜欢学这一科；不喜欢哪一科，在开始学习的时候就会陷入畏难情绪、裹足不前。如此，强科越强，弱科越弱就成为可以预想出的局面。那么应该如何摆脱这种死循环呢？虽然从高考成绩来看，我没有太拖后腿的科目，但从小到大，我备受偏科之害、偏科之苦。下面我就给大家讲讲自己的经历，给大家填填坑、避避雷。

第 3 篇
向黑暗宣战，前路必定光明

知耻是后勇的第一步

小学学习英语比较晚，一二年级英语课堂很不正式、没有考试。到了三年级上学期期末，我才进行了第一次正式的英语考试。我当时连元音有哪些都不知道，只考了56分。我拎着卷子，路上绞尽脑汁地想怎么跟老爸解释这么低的分数。感觉路上所有的行人都在嘲笑我考试不及格。下一学期，我因为父母工作变动的原因，转学到了另一个城市，来到新学校的第二天，就经历了月考的大力揉搓。我连教材都还没买呢！所幸数学、语文考得还算可以，但是英语分数确确实实把我砸晕了——25分（我到现在还害怕这个数字）。我从来没有得过这么低的分数，两次不及格让我急火攻心，再加上水土不服，我一下子就病倒了。

病好之后，我不愿意去上学，害怕老师歧视、同学嘲笑。我主动跟爸爸说，自己数学、语文的基础比较好，但是英语太差了，可不可以请两个月的假好好补一补落下的英语。爸爸沉吟良久，还是答应了。他帮我找了一位英语老师，就住在我家楼上。于是我每天睁眼就上楼找老师上课，听课、抄写、背单词、背课文、找老师考核，循环往复。如此，我用两个月时间把小学四年的课程补完了。

那段时间，我的英语进步神速，但过得也着实痛苦，每天背诵很多东西，感觉脑子都要炸掉了。但一想到那张打着鲜红"25"的试卷，我就脸红、我就羞愧，吃再多苦我都愿意，只要别让我拿这么低的分数就行。

不只是这件事情，我发现从小到大，进步最快的时候，往往就是我最惶惑不安、对自己充满不满意情绪的时候。唯有处于这种状态，我才能摒弃一切纷繁，集中精力到学习上。不知道"好面子"，就做不到"有面子"。

不能蛮干，找准方法

来到初中，一向优秀的语文反倒拖了我的后腿。第一次月考，我的语文成绩是三大主科的最低分，120分的试卷，我只拿了84分。我知道语文成绩急需提高，但我迷茫的是：我应该怎么努力呢？

和爸爸沟通了我的问题之后，他十分重视，和我一起分析试卷、查找原因。我们发现，初中语文基础考察的厚度和深度骤然提高，主观题题干中"表达方式""表现手法""艺术效果"，这样的词语到底是什么意思我都不明白，只能凭感觉乱答一气。爸爸立刻

第3篇
向黑暗宣战，前路必定光明

找到了问题所在：基础薄弱且没有掌握新的答题技巧。于是他在网上找了好几份资料，重新整理排版加工，形成了一份14页的讲义，然后要求我从头到尾一字不落地背下来。

我刚开始不以为然，觉得爸爸就是瞎指挥，老师不是都说了语文学习最忌讳死记硬背嘛。我爸挥挥大手，让我少啰唆，快点背。迫于老爸的威严，我只能每天按照老爸规定的量背诵，再由他考察。背着背着，我发现，爸爸制作的这份讲义，简直就是为我量身定做的。首先，解释了我不明白的语文术语，然后梳理了各个范畴的分类，最后整理出了答题的模板。背下这份讲义，感觉自己就像开挂了一样，以前零散的知识都可以按照这14页的内容串联起来。有了这份基础又全面的讲义，遇到那些"故作高深"的题目，我可是一点儿都不怕了，按照模板往上套，已经把分拿的七七八八的。等老师对答案，再根据答案的措辞对这份基础模板进行调整，在心中形成自己的模板。我的语文就这样顺风顺水到了高考。

在弥补初中"瘸腿"语文的过程中，我明白了一个道理：迷茫的情绪、蛮干的行为，让人事倍功半；只有找准痛点，对症下药，才能事半功倍。

向上的力量

了解自己，了解"敌人"

升入高中，数学思维难度和计算量骤然提升，我的数学成绩又成了老大难。高二下、高三两个学期，我专门与数学作斗争。我是文科生，学的是文科数学。做多题目，会发现文科数学的容量并不大，几乎百分之七十的题目都是可以通过大量重复练习和精确计算拿下满分的。到了高三上学期，通过反复训练，这部分其实我可以拿到满分了，换算一下就是105分。剩下的45分就听天由命了。难住我的就是解析几何和导数模块。高三连续两次小测拿了120多分，在这两大板块上跌了跟头之后，我发了狠劲，誓要攻下高地。于是我开始思考适合自己的提升数学成绩的方法。我身边数学好的同学，要不是老天爷追着喂饭、头脑灵光的人，要不就是愚公移山式海量刷题的人。我既不聪明也不愿意漫无目的地狂刷题，于是，我回顾了一下学得比较好的几门文综科目的学习历程，就是一个字，背！疯狂地背诵教材、触手可及的教辅，以及自己听讲做题过程中总结出来的笔记。有了大量输入之后，我的脑子好像自己会消化一样，遇到题目脑海里自动就会蹦出相关的内容，我直接对比判断或者套用思路就能够得到解答。

> 第3篇
> 向黑暗宣战，前路必定光明

刚好当时老师带着我们回顾导数和解析几何专题，每堂课都会拿来两三道大题讲解，我不管能不能听懂，先把那满满一黑板的过程誊抄到准备好的大笔记本上。每天睡前背一遍，回顾一下每一个步骤都代表着什么意思。两个月时间，我记录了满满五个大笔记本、也吃透了这五个笔记本上的题目，再做题时，已胸有成竹、毫不打怵。

如果把弱科看作敌人，我们要按照兵法的思路，去和弱科作斗争。正所谓，知己知彼，百战不殆；不知彼而知己，一胜一负；不知彼不知己，每战必殆。只有既了解弱科的特点，又了解自己的特性，才能顺利地攻克难关、补齐短板。

最忌一曝十寒

弱科成为弱科之时，其实你已经在此科目上亏欠良多。如果你像我一样，凭着自己的一点小聪明，有位好老师给了些适当的技巧，通过短暂的努力，在偶尔的一次考试中取得了不错的成绩，之后便飘飘然得意忘形，我只能以过来人的惨痛经验告诉你，未来你会栽一个更大、更疼的跟头。

我的英语成绩中考时还算不错，高一一年我就纯吃老本，居然也能蒙混过关。但是到高二就行不通了。有次老师点我起来对完形填空的答案，20道题目，我居然错了9道。作为"好学生"错了这么多，简直不可思议，老师瞠目结舌的同时，我也非常羞愧，后悔自己荒废了高一的时光。我突然发现：某一个科目成绩好只是一时的，授课内容是不断深入的，一起竞争的同龄人认知能力也是不断发展的，如果停滞不前，被甩在原地的就只有我一个人。于是我调整好心态，以端正的态度对待英语学习。

我先去借了理科实验班英语尖子生的整整五本笔记，誊抄下来，每天利用自习时间背诵十页，花了半学期夯实基础。然后在课堂上积极与老师互动，我当时心里默默给自己制订了与老师互动的"KPI"……

这种高亢到有些疯癫的状态持续到了高考，真是"不疯魔不成活"，高考的成绩终究没让我失望。学习英语而养成的持之以恒的这个习惯，也深刻地影响了我的大学生活。如果我用高一那种"三天打鱼两天晒网"的态度对待英语的话，名校只能与我擦肩而过了。

无论是学习中，还是在生活中，我们都会遇到自己的弱项，在面对弱点时，我们不应该自暴自弃，而应该想尽办法弥补不足，竭尽全力消除短板。当我们发现弱点已经不再是弱点时，一切都不再是我们前进的"绊脚石"。

THIRD 3 我的青春不迷茫

个人信息

杨子悦　　高考分数：681

毕业于陕西省西安市高新第一中学

2016年考入清华大学经济管理学院

寄语

愿每一个迷茫的你，都能顺利走出阴霾，收获新生！

导读

上中学后，很多同学都会出现各种各样的心理变化。青春期，我们有了独立意识，思想细腻、情绪敏感，这段时期也往往被称为叛逆期，许多同学都不可避免地经历这个阶段。而我也曾在十三四岁的年纪有过一段非常迷茫混乱的青春岁月。我经历了什么、又是如何走出来的，回首当年，我有什么感慨？这篇文章将一一揭晓。

提到青春期，你会想到什么？

是满脸的青春痘，还是隔壁班的异性同学，又或者是和父母的争吵、对未来的迷茫？

"青春期"的定义，是指由儿童逐渐发育成为成年人的过渡时期。一般就是从我们初中开始一直到初中毕业的这段时间了。

对于我而言，和大部分同学一样，也度过了一个有些"混乱"的青春期。

身体的变化是最为直观的——由于进入了大人们所说的"长身体的年纪"，饭量大增，却并没有如预想般地长高，而是日渐发胖；青春期的生理因素导致我也和班里很多同学一样，脸上和身上长满了青春痘，此起彼伏、此消彼长。

我也曾迷茫不知所措

大概是在初二、初三的时候，我明显感觉到自己微妙的变化。

首先反映在学习成绩上。以全市第三名的高分考入市重点初中的我，在初一的一整年保持着非常稳定的优秀成绩，甚至还曾因一次期末考试考了年级第18名一度沮丧。然而，进入初二之后，虽然

第3篇
向黑暗宣战，前路必定光明

学习逐渐松懈、成绩不断下滑，但我却不再动容，比如，数学课渐渐开始看不懂、不会做题目，课后也不愿意再去啃"硬骨头"，而且对个别学科开始抵触。比如遇到不那么喜欢的老师，连带着不愿意听课甚至逃课，考试前纯靠自学"抱佛脚"。凭借"吃老本"，我尚能把成绩保持在第一梯队，但很明显已经有些力不从心。

其次，我也开始经历一些或是天马行空、或是汹涌袭来的情绪困扰。这个年龄的小孩总是心思极为细腻，也非常敏感。

我开始沉迷于与学习无关的事情，比如写歌词、看小说、画漫画；单曲循环的重度焦虑感的Rap一放就是一晚上；在那个触屏手机和移动互联网刚开始普及的年代深陷于手机QQ，与网上不知真假的朋友聊起来没完没了；电脑游戏每天摸到一会儿整个人都会开心很多……

我也是在这个时候开始熬夜的：从初一的时候每天10点睡觉，慢慢地变成每天晚上11点、12点、凌晨1点、凌晨2点睡觉，有时候甚至会熬夜到凌晨3点，严重影响第二天的学习效率。

我焦虑吗？当然是焦虑的。作为一名面临着升学的初中生，特别是以前有着那么出色的成绩表现，对比现在的状态，谁能不焦虑呢？可即便如此，我仍能凭借以前过硬的基础，拿到还看得过去的成绩，所以，这又让我总是处于一种很矛盾的状态，想努力却不知

向上的力量

如何努力，整日浑浑噩噩，改变的念头稍纵即逝。

初三的时候，我在学习上越来越力不从心了。特别是我的弱科数学——初二以前还并不是弱科——在初三变得越来越差，120分的满分我经常连100分都考不到。更可怕的是，我清清楚楚、明明白白地知道，丢的那些分数并不是因为粗心大意或者审题不清，而是确确实实不会做！

路，在不通时，就会选择拐弯，当跌落谷底时，我开始反思自己。初三下半年，面对即将到来的中考，感觉已无路可退，我开始调整自己的心态，将注意力从无谓的思绪中抽离，下功夫在学习上，我去书店主动买了教辅资料，努力刷题，弥补之前错过的东西。醒悟也许来得有些晚，但幸好未缺席。

就这样，带着混乱的思绪，我的中学生涯结束了。

请别害怕开口求助

如今，回望我初中时期的那些日子，心中不免生发出许多遗憾。

那是一段相当黑暗的时间，我甚至不知道在其他同学的眼里的我是什么样的。那段时间我的内心乱作一团，甚至可以说在做很多事情的时候，理智并不怎么占上风。因此，很长一段时间以来，

第3篇
向黑暗宣战，前路必定光明

我也不愿意去回想很多细节，只希望让那些幼稚的经历尘封在岁月中。

我记得非常清楚——那段时间，有很多同学的家长会经常三天两头往学校跑，找老师聊最近孩子的表现。但是，我的爸爸妈妈对我一直是"放养"模式，从来没有跟老师聊过我的表现。三年里，老师也没有找我谈过话，加上自己并不愿意主动接近老师，我们也是疏离的。

我的爸爸妈妈，其实他们一定知道那时的我正在经历着内心的挣扎吧。但是，很多时候他们"不敢触碰"——这个时候的我，总喜欢把自己缩成一团，像刺猬一样，只把尖锐的刺朝向别人。正是我拒绝沟通、一意孤行，自己又并没有足够的能力去应对所面临的挑战，所以往往让自己陷入"死局"。我甚至会弄丢自己的朋友，不管是吵架，还是三观不合，或者就是单纯我自己脾气不好，各种原因弄得我的人际关系也是乱七八糟。

一直以来，我也很羡慕那些说自己根本没有经历过叛逆期的同学。是的，很多同学从来没有过这样的困扰，而我恰恰相反。我也会问自己，这样的叛逆期是不可避免的吗？有什么办法可以让我不那么撕裂、或者说能减少一点痛苦呢？

那段时间，我非常喜欢写日记，或者在贴吧、QQ空间上发一

向上的力量

些自己的生活碎片，记录自己那些纷繁杂乱的情绪。很多情绪我不愿意跟别人分享，就通过这种方式宣泄出来，就像是自己与自己的对话，当你和我一样，感情不足与外人道时，不妨也试试。中考完的那天，我畅快地通宵上了一次网——没有打游戏，没有看剧，而是洋洋洒洒写了一篇很长很长的文章，题目我到现在还记得，叫《你知道吗，这是我的14岁》。

生活的烦恼总是如此，每个人的遭遇各有不同，但是无一例外的要体验酸甜苦辣，只要你能更坚强，微笑面对，照向你的阳光都会更多一些。

我也曾反思：如果那段时间的自己对各种事情都能勇敢一点，接纳自己的不完美，放下包袱和周围的人和解，可能自己不会那么累；如果敢于向老师、父母、同学开口求助，可能很多事情都会变得不一样吧？

所以，不妨卸下自己沉重的保护壳，不要害怕开口求助，为了自己，也为了关心我们的他们。

时间总能教会我们成长

"凡是经历，皆为馈赠。"

第3篇
向黑暗宣战，前路必定光明

我还是很庆幸，自己度过了那段"不堪回首"的青春期。我知道，初中是一个非常重要的"分水岭"，有无数人在初中阶段由于各种各样的原因掉队，从此在学习上一蹶不振。我还算幸运，虽然路上磕磕绊绊、跌跌撞撞，中考也是初中三年的最差成绩，但至少如愿进入了省重点高中，没给自己留下太大的遗憾。

中考完的那个暑假，我和初中时认识的网友——一个比我低3届的学妹——一起烧掉了初中写过的所有日记，我没有感觉这个颇具仪式感的行为有多大的意义，但不可否认的是很多混乱的情绪确确实实随风吹散了。

我也不知道那段混乱的时光到底是在哪一天悄然结束的。我只知道，进入高中之后，我每天洗几遍脸，把铺天盖地的青春痘也全都洗掉了。我再也没有写过日记，可能是学习太忙了，也可能是没那么多情绪想要抒发了。我在复习学业水平考试的那几个月，废寝忘食，暴瘦几十斤，从小胖子变成了小瘦子。我也交到了至今关系非常要好的几位朋友，开始向朋友们敞开心扉，共同解决面对的困难。我的数学还是一如既往的差，不过这一次我不再折磨自己，而是开始迎难而上。我没有刻意改变什么；而这一切的变化，可能就是时间带来的成长吧。

如果你也有过，或者正在经历这样的迷茫，请不要太过焦虑或

向上的力量

者担心，这都是很正常的。从小学步入初中之后，我们发现自己进入了一个全新的人生阶段，急于摆脱自己"小学生""小朋友"的身份，努力朝更广阔的世界迈出脚步；但另一方面，我们本身的知识水平、社会阅历又远远没有达到一个成年人的标准，因此我们又很容易和成年人——接触最多的就是我们的父母和老师——发生各种各样的冲突。我们的心思变得敏感，情感变得脆弱，各种各样的微小的波动，都可能严重影响到我们的情绪。

不要害怕，没有谁的成长是一帆风顺的，可即使再苦，生活还要继续，只要死扛过去，人生总有转机。那时你回头去看，一定也有颇多感慨。就如我，十年过去了，很多东西都被时间冲散了，但成长的痕迹永远都在。愿看到这篇文章的你，也能走出迷茫，迎来新生！

FOURTH 4

不计得失，只管风雨兼程

个人信息

张文瑞　　高考分数：689

毕业于山东省青岛市第二中学

2020年考入清华大学车辆与运载学院

寄语

海明威曾说过："只要你不计较得失，人生还有什么不能想法子克服？"人生如此，考试亦是如此，希望你们都可以以平常心对待考试结果，不计得失，勇敢向前。

导读

既然是考试，总会有好有坏，但平常心总能让我冷静面对。在你考试失利，心灰意冷时，希望本篇文章能带你积极向上，以宠辱不惊的心态面对考试的得与失。

向上的力量

2014年，我从小学毕业升入初中学习。初中入学的分班考试是我人生中第一次的排位考试，只考察了数学、语文和英语。记得那次考试成绩，是在我们军训结束回校的大巴车上公布的。我当时是班级的第6名——学号是按入学成绩排的，所以一直记得很清楚。这个成绩算是意料之中，但也没有太多惊喜。一则，我确实对自己都不是很了解，只是跟着感觉走；二则，年纪还小，对名次也不是很重视；三则，父母并没有过分期望。不过，那次之后，我对排位开始有了概念。

万事皆有波澜

初一上学期的期中考试是将我带入前列的考试。那次期中考试，我数学拿了满分，总成绩排到了班级的第1名，进入了年级第15名。这个结果无论是我还是父母都很惊讶，从来不敢想象的成绩。那次期中考试之后，我变得很有自信，相信自己有足够好的学习能力。不过，也是这次小小的成功让我变得松懈，在之后的期末考试中，名次迅速回落到年级第28名。这种下滑让初生牛犊的我措手不及，不知该如何面对。

当时，我去找班主任聊了很长时间。他耐心地帮我分析了问

第 3 篇
向黑暗宣战，前路必定光明

题，也给予了我许多鼓励。老师特别指出了我心浮气躁、不扎实的问题，当时的我确实回去后好好反思了许久，也想尽量努力寻求解决的办法。然而，初一下学期，我们班级遇到了很多突发事件。原先的班主任突发心梗进入了医院，之后代理班主任换了一个又一个，一直很不稳定。最后年级主任来负责我们班，但是由于他本身身兼多职根本没有太多精力管理班级，当时还是班长的我，更是静不下心，完全没有了学习的动力，期末成绩直接跌到年级第55名。打击虽大，但我还能接受，毕竟我心知肚明知道自己的问题。也是那年暑假，我提前预习了初二的课程，希望来年能更好地进入状态。

初二，我们迎来了一名非常优秀的班主任，出了名的严厉。新班主任一到便直言不讳地提醒我们，以我们现在的表现想考取全市

向上的力量

最好的几所高中根本不可能。虽然她的态度十分强硬，但也彻底把我从沉睡中唤醒，不沉下心专注学习只能前途渺茫。新班主任果然名不虚传，在她的严厉管理下，班级学习气氛越来越好，我也吸取之前的教训，脚踏实地地开始学习，在之后的几次考试中都发挥平稳，一路保持在年级前5名。

初三的第一次期中考试，我取得了全区第一的成绩（我们初中是按区统一进行考试）。当时我非常惊讶，也非常高兴，甚至有些得意忘形。在那之后，我好久没法静下心来，心情变得越来越浮躁，期末考试出现重大失误，跌到年级20多名。

这次考试的结果我很难接受，一时间竟找不到学习的感觉。学习时间在缩短，学习效率在下滑，自己越来越不自信。某一天，自习时，望着一个个伏案的同学，我突然生出许多疑问，他们以后的人生会是怎样的呢？现在的我们这么辛苦的付出，是为了什么呢……

许久，我得出结论，以后不知怎样，但现在，没有付出肯定是没有收获的，我很感谢这次期末考试，它让我重新认清自己，反省自己。所谓考试，我认为就是用来找到自己的问题，无论是在状态、心态还是课业水平。就这样我慢慢恢复状态，一模考试发挥还算正常，最终进入了年级前10。

第3篇
向黑暗宣战，前路必定光明

换条船，也能上岸

在青岛，高中可以通过两种方式进入（除了艺术、体育特长），一种是自招，一种是中考。自招大概是在每年4月中旬的一个周末，大致流程是笔试、面试、录取，不需要参加中考。我参加了青岛二中的自招，笔试顺利通过，面试却未能通过。刚刚听到这个消息，我非常失望，我原本以为自己会没有任何悬念地入选的。

回到教室我趴在桌上偷偷地哭了许久。自习课时，历史老师发现我的异常后过来安慰，我只听进去了一句："自招不上没关系，回来参加中考又多了一次人生经历，你拿个学校的状元进入高中，不也很厉害吗？"这句话给我触动很大，也是这句话激励了我，自招没过，我就真的不行吗，我一定要证明自己。

在接下来的一个月里，我以校状元为目标，全力以赴在努力。现在想来，如果不是这次自招考试失利，自己应该也不会这么拼。这次失败的考试成为激励我前进的动力，最后，我真的做到了，成了学校的状元，以全校第一的成绩进入到青岛二中，这时候，我认为一切都在苦尽甘来。

进入高中，身边聚集了更多的优秀学子，第一次期中考试就让我大跌眼镜，但根本没有时间回味是甘是苦，我必须马上重新站起来。因为不怕你不努力，就怕比你优秀的人更努力。反思了自己前半个学期的学习方法、作息规律，我重新制订学习计划，在不断摸索中、追赶中，我的成绩也在一路高歌。第88名，第55名，第16名……一步一步的，我稳扎稳打，每次考试后都会反思问题所在，想不明白的题目找老师分析，解不开的心绪找朋友诉说。每次考试我都有所收获，不管是知识点方面的缺陷还是心态方面的问题，又或是一些需要改正的小错误。就这样，我在一点一滴的积累中前进。

淡看云卷云舒

高二那年，我参加了中科大少创班的选拔。中科大少创班是中国科学技术大学创办的针对高二学生的一种班型。所以在高二，我需要提前参加一次高考。

当时还在高二的我甚至连基础知识都没有学完，只能完全靠自学把知识点补齐。在第一次一模考试中，我的数学满分，高三的老师都很震惊，连我自己都无比自豪，非常开心。不过也因为这次考试，我的数学成绩备受关注，导致后面每次考试时都压力巨大。正

第3篇
向黑暗宣战，前路必定光明

所谓期望越大，失望越大。以后的多次考试，我的成绩都不理想，甚至这种情况到了最后的高考也未能扭转。反观理综，在高考之前，我从未接触过，但由于心态平和，没有太多想法，我只是踏踏实实的练习，最后却得到了很好的回报。

高二那年的高考结果仍然失利，不过我倒没有多少遗憾，反而比较满意。经历了这么多次起起伏伏，其实我已经感觉自己成熟多了，不再执着于一两次的失败，反而很感谢这次高考经历，让我提前做好了心理准备，有了更丰富的经验去面对高三的挑战。

我拖着疲惫的身体，又回到了自己原来的班级。我已经体验了这么多，经历这么多，能拼过来、熬过来，我已经觉得自己很不错了。稍作调整，我很快就融入下一步的学习中。真要说到高三的意外，大概就是疫情的影响了，由于是在家上课，自律性稍有松懈便会反映到成绩上。返校后的第一次一模让我原形毕露。原来的名次有望进入清北，现在的名次连华五都不太有希望。

这次，平常心帮助了我，我不再自怨自艾，我要做的就是努力、坚持，一点一点往回追，清华大学是我的目标，庆幸我最终达成所愿。

人生真的是一件不确定的事，好坏都在所难免，考试也一样。考得坏不一定是坏事，考得好也不一定是好事。塞翁失马，焉知非

向上的力量

福？就像我，考得好时总是会被干扰心态，考得差时却往往让我警醒。一时的好坏都不重要，重要的是不骄不躁、放平心态，以乐观积极、冷静平和的心态去面对每次考试的结果，你的目标是远方，就只管风雨兼程。当你不会因一次失利就丧失信心，不会因一次成功就沾沾自喜，能坦然地继续自己的学习、生活，自然能收获属于自己的那份成果。希望读完我的故事后，对你有所启发，能帮助你更好地面对考试的得与失，处理好自己的心态，在未来以一颗平常心面对所有人生难题。

FIFTH 5 生根发芽，破"瓶"而出

个人信息

杨子悦　高考分数：681
毕业于陕西省西安市高新第一中学
2016年考入清华大学经济管理学院

寄语

进步不会一帆风顺，但只要我们保持积极的心态去应对它，去努力迎接前进路上的所有阻碍，就一定能给自己打开一方新的天地。

导读

很多同学在学习中都会遇到"瓶颈"期、平台期，成绩获得了一定进展后，但开始停滞不前、原地踏步。这种时候，内心难免会有些焦虑、煎熬。"瓶颈"期究竟应该如何度过，怎样获得成绩的突破呢？这篇文章会给你解答。

向上的力量

进步从来不会一帆风顺

如果把学习成绩画成一幅折线图，你希望你的成长曲线是怎样的呢？最理想的情况，我想大家都一样，就是希望自己的成绩可以从现在开始稳步提升，越来越好。

但是，进步真的那么简单吗？不少同学都会遇到各种各样的问题：这一次考试成绩上去了，但下一次考试成绩又跌回原地；或者好不容易经过几次考试，成绩逐渐提升、有了起色，之后再怎么发力却又没有一点点提高。

当你发现自己在学习的过程中，有一个阶段不管怎么努力都难以取得更进一步的突破的时候，就应该意识到"瓶颈"期的到来。"瓶颈"期是一个有些尴尬的存在：一方面，它证明了我们前期的努力学习是有效果的，我们已经达到了一个相当高的水平，实现了自己能力范围内最好的成绩；另一方面，我们又不甘心只停留在这样一个水平，希望有所突破，但是这个阶段每一分的提高仿佛比之前的十分还要难，于是陷入了无尽的煎熬和内心的挣扎。

进步从来不会一帆风顺，很多同学都会面临一段进步之后开始原地踏步的尴尬境地。不管是对于一路突飞猛进的弱科，还是一直

第 3 篇
向黑暗宣战，前路必定光明

稳居高位的强科。那么，"瓶颈"期究竟该如何度过呢？

精益求精，挑战不可能

我想拿我的语文学习举个例子。语文是我比较擅长的学科，可以说长期以来都稳居年级前列。对于成绩不好的同学，班级中的强人会成为自己追逐的目标。但是放眼整个年级，都没有更强者时，我们最大的敌人就是自己。以高中阶段为例，既然满分有150分，我为什么只能拿到135分？这15分到底是不是有必要丢？谁说作文不能拿满分？谁说语文就一定要扣十几分才合理？

是的，我所坚信的一点就是——不要给自己设限。如果一定要有一个限制，那就是满分的限制。如果你当前的分数并不是被满分所限制，那就说明你还有足够的上升空间，哪怕这个空间看起来已经很小，但它依然存在。所以，从心理上首先就应当克服这道关卡，让自己勇于向上突破、挑战不可能。

记得在高三刚开始的时候，我曾经就遇到了很明显的"瓶颈"期。一方面是语文的总分，总是维持在一个差不多的水平，我却知道我的水平并没有发挥到极致；另一方面从细节来看，我的作文、论述文，甚至是古诗文默写都始终在一个一般般的水平，总分较高

向上的力量

往往是由其他题型拉上去的。

对于一个语文成绩始终保持前列的同学来说,古诗文默写不能拿满分可以算得上是一件不可思议的事情。毕竟,高考的那些古诗文都是大家从初中背到高中的,很多诗词名篇真的可以说是信手拈来。很多老师都说,古诗文默写算得上是整个语文试卷之中最好拿分的一部分,那我又为什么总是拿不到满分呢?这个问题我也反复思考过,却很长时间得不到答案,该背的我也背了,可一到考试总会写错,仿佛一到古诗文默写的环节我的大脑就会短路一样。更可怕的是,我在相当长的一段时间内并没有对古诗文默写提起重视来,而是把重点依然放在其他题型特别是作文上。

后来,我终于意识到了自己在古诗文默写上的问题不是偶然,而是一种行为模式后产生的必然,必须想办法精益求精。大家都听说过"一分一操场",正式大考里你不经意间丢掉的一分可能就会导致你的排名跌下几十名、几百名,甚至可能会与自己心仪的学校失之交臂……我也突然警惕起来,意识到自己一定要突破现在的状态,至少现在丢的这些分不是一个擅长语文的同学该丢的。

首先我开始分析自己的问题。其实找到问题所在是非常困难的,要说我没认真背吧,好像所有古诗文我也都能熟背下来;要说重难点字词不会写吧,好像我也经常默写,扎实的基本功也保证了

第3篇
向黑暗宣战，前路必定光明

我很少出现错别字；要说不理解古诗文吧，好像每首诗、每篇文章我也能说出主旨思想。这些方面都没问题，问题究竟出在哪呢？

百思不得其解时，我专门去买了古诗文默写的教辅资料去翻看。看着看着，我突然意识到——原来"没问题"才是最大的"问题"！考试要精益求精，最要不得的就是"好像"。我总是用"好像""似乎""差不多"放过自己，平时背诵、默写的时候也都是凭着肌肉记忆在重复，很少经过大脑加工理解，这就导致很多重点字词我理解，但却是一知半解。语义更是这样，因为大多数时候，我的目的是把诗文背下来，而不是理解透彻，所以经常忽略掉一些字词或者句子的翻译。在一些理解性质的默写上，我经常会找不准要写的是哪一句，不能准确地从头脑中提取正确信息从而丢分。

找到了原因，我马上采取行动。最笨的办法也是最能夯实基础的办法。我专门准备了一个本子，把所有高考必备的64篇古诗文全部抄写一遍。在抄写的时候，不追求速度，而追求真正的"眼到、手到、心到"，一边抄原文，一边换另一种颜色的笔把对应的译文写在下面，再换一种颜色的笔把重点字词的翻译写上。这还不算完，还有最重要的：每句话到底表达了什么情感，这也是考试的时候容易作为理解内容考查、而我也最容易出错的地方。

向上的力量

这个方法说起来容易，做起来却很耗时间。特别是在高三紧张的学习节奏下，大家每天完成着大量的作业，一页一页地刷着题，推进着总复习的进度，针对自己薄弱的地方大幅提升；而反观我这边，却为了挣那一两分，花费着似乎与它并不相匹配的时间和精力。在这样的环境下，稍有不慎，这项浩大的工程就会变成表面功夫，又流于形式了。

还好，出于自己对语文的热爱，我的抄写工作完成得还算顺利，利用课后休息、晚自习的空隙，花了大概一个月的时间，所有古诗文全部抄写完毕。摸着良心说，这些时间真的不是白白浪费的，我感觉这次算是把这些古诗文真真正正、彻彻底底地摸透了。后来的语文考试中，我的古诗文默写真的不再出错。看似这是一个很正常、很普通的要求，但我内心知道，要想做到100%的准确无误，那就必须做到100%的功力扎实、不留死角。

向下扎根，向上突破

对于"瓶颈"期，我总结为这样一句话：要想向上突破，便需要先向下扎根。

第 3 篇
向黑暗宣战，前路必定光明

何为"向上突破"？向上，就是我们最希望看到的成绩上升；突破，就是我们长时间困在"瓶颈"期、平台期的时候希望获得的那种质的飞跃。

何为"向下扎根"？成绩的提升不是没有道理的，偶尔一次、两次甚至连续三次的发挥超常都是不稳定的，就像一碰就破的泡沫。要想让成绩稳稳地处于高位，那就必须把底子打牢，把基本功练好，也就是向下沉淀，审视自身。

就像我所讲的，语文古诗文默写，看起来真的是非常非常细微的小事，答得最好的同学和答得最差的同学也相差不了几分。但只要我们在意这几分，而这几分又是确确实实可以通过我们自己的努力去赚到的，那就不能轻易放过。

这个过程无疑是有些痛苦和挣扎的，因为我们的边际效益非常低。花费同样一个月的课余时间，或许你可以补上自己某一弱科里的某一个题型，直接帮助你在考试中多拿到五六分；而如果花在古诗文默写上，可能最多只能提高1~2分。看似并不"划算"，但实际上这1~2分是一种质的飞跃。这小小的一两分，不会因为哪次考试状态不佳、审题不仔细而出错，因为你已经将这类题的所有出法、所有变换形式烂熟于心了。

进步不会一帆风顺，但只要我们保持积极的心态去应对它，

向上的力量

去努力迎接前进路上的所有阻碍，就一定能给自己打开一方新的天地。

相信自己吧，当你再遇到"瓶颈"期的时候，别给自己设定什么限制，发现问题，解决问题，相信你有无穷的潜力——要想向上冲破土壤，就必要在地里深深扎根。

SIXTH 6 坦然面对学习中的"大跳水"

个人信息

李梦可　　高考分数：646

毕业于宁夏回族自治区银川一中

2014年考入北京大学医学部

寄语

盛年不重来，一日难再晨。及时宜自勉，岁月不待人。

导读

人有失手，马有失蹄。在并不算短的寒窗十几年中，作为一个个鲜明独立的个体，我们不可能一直在顶峰，有低谷的存在才能更加凸显登顶的不易与价值。我们在学习和生活过程中偶尔一次的失利是正常现象，作为学生，在遭遇学习上的"大跳水"时，怎么想、怎么做才是正确的呢？接下来就跟大家分享一下我在学习中关于成绩"大跳水"的一些感悟。

向上的力量

学会接受

和人生旅程类似，学习的道路从来不是坦途，路上布满崎岖和荆棘。在十几年勤学苦读的过程中，总会有一些不那么美好的瞬间让我们失落、沮丧，甚至怀疑自己。特别是近几年，随着"内卷"的程度加重，加在同学们身上的压力也越发沉重。

在本就紧绷的备考生活中，如果碰到一次科目的"大跳水"，特别是在一些自己本就擅长的地方，这对同学们的心理考验无疑是巨大的，同时对同学们的自我调节能力也是一个巨大的挑战。除了来自对自己的质疑，其实家长、老师和同学过度的关心和关怀，也会让同学们感到压力巨大。

心理学上认为，当人们在面对不好的事情时，一般会经历5个典型的心理反应阶段：回避否认—暴躁不堪—纠结并企图讨价还价—抑郁消沉—接受现实，这个规律也同样适用于我们成绩"大跳水"时。对于学习成绩意料之外的退步，我们最开始肯定会觉得难以接受，是不是老师或者阅卷系统出错了；然后我们会变得暴躁、想发泄；再然后是纠结，而且大家或多或少会觉得有些消沉，有的同学甚至会因此抑郁。但是，自我调节是我们的一种本能，通过生理和心理的种种反应，我相信最终我们会接受这些不美妙的事实。不过我们的目的从来不是去接受这些不美好，而是去战胜它们，所以，这需要我们通过一些额外的努力来突破自己，而不能坐以待毙。

如果我们一直无法接受这个已经成为事实的事情，那么我们将始终囿于这个结果而故步自封、停滞不前，甚至因此一蹶不振，影响后面的学习生活。命乃弱者借口，运乃强者谦辞，真正的强者是不惧跌倒的。我们要学着去接受糟糕的成绩和失败，然后才能去克服它。学会接受是改变的开端，它意味着我们的思想会随之发生改变，因为只有在接受这些成绩上的"缩水"后，我们才会真正从各种源头上去分析这次失败的原因并进行总结，才会做出改变。所以，不要害怕，要勇敢地克服自己的畏惧心理与回避的心态，试着去接受这份已成为事实且以后会变成曾经的"不完美"。

汲取能量

当我们感到失落沮丧时，面对黑暗与迷茫，我们需要去寻找一些光、一些能量，无论是自己的，还是来自别人的。

在我们接受成绩滑坡这件事情后，自己通常会先进行一番总结，但有时这个结论可能并不是准确的，因为这只是我们自己对自己的评判，有可能不全面。

进行自我剖析的同时，我们还可以倾听别人的意见或建议，多请教、学习他们的经验和方法。作为了解你的朋友与亲人，他们会从自己的角度给予你建议，通过与他们的交流，我们会看到一个不同角度的自己，同时我们也可以从他们的经验与阅历中收获到自己问题的答案。无论是自我的发光，还是从别人身上汲取的能量，都可以转化成为自身的养分，弥补自身的不足，让我们变得更加优秀。

其实有些时候成绩的突变不一定都有明确的、客观的原因，一些心理的、主观的因素也同样值得引起我们的注意。而且成绩的下滑也不一定是单一的因素，可能是多因素共同作用的结果，所以我们可以进行一定的多因素的调整。除了从别人身上汲取能量，我们自己也要变得强大。对于别人给的建议我们需要加以甄别，不要完全迷信地将别人的经验奉为金科玉律，更不应一味地盲从。而是要找到适合自己的、符合自己情况的方法化为己用，只有自己产生的能量和元气，才能完全地充实自己。

如果一些负面情绪积累到一定程度时，我们就需要一定程度地发泄和放松，有人喜欢听歌以获得心灵的愉悦，有人喜欢跑步锻炼

第 3 篇
向黑暗宣战，前路必定光明

让不开心随着汗水挥发，也有人喜欢体验刺激的过山车让压力变成心跳加快然后平静。每一个人都是独立的个体，我们有着不同的喜好，会面临着相似或不同的困境，可以确定的是，我们要始终把握自己情绪的底色，这种底色应该是明媚鲜亮的，而不可以让悲伤和难过过度地笼罩，要相信困难只是一时的，我们终将会克服它。任何事情的成功最终还是要靠自己的努力，我们要做自己的太阳和自己的"加油站"。

摆正心态，做出改变

近几年，我们经常会听到或看到一些新闻里有同学因各种各样的学业压力而崩溃，更有甚者在冲动之下结束了自己宝贵的生命。生命可贵且不能重来，希望同学们能真正体会其厚重。一时的冲动之后，留给我们的能有什么呢？不过是闻者观者的一声叹息，还有亲人要用余生去消化的悲痛欲绝。相反，如果我们以积极的心态面对困境，我们就可能创造出属于自己的辉煌。我们永远不知道自己的潜力有多大、突破点何时来临，只要不放弃，就总会有转机，希望总会破土而出，变成温暖的阳光笼罩你、陪伴你。

从小学到高中十数年中，我们要面临的考试有千千万万场，一

向上的力量

次的失利说明不了什么，同样，一次的成功也证明不了什么。所以亲爱的同学们，我们要摆正自己的心态，我们还有无限的机会去改变、去进化。生命不息，奋斗不止，和生命的长度相比，学生时期只是其中的一段，未来占据着更广阔的时空。所以我们更应该放平心态，不要被一次考试的结果左右，"不以物喜，不以己悲"，我们只要尽力了就无悔，这次失败了，尽快从摔倒的地方爬起来，总结经验教训，然后继续无所畏惧地全力奔跑就好。珍贵的时光应当被充分珍惜，去学习、去努力、去进步，而不是一味地沉浸在失败的痛苦中无法自拔，因为那样是在妨碍下一刻的你变得更优秀。

当我们调整好心态后，做出改变就是很自然而然的行动了。我们需要理清自己的思路，把自己所能想到的引起成绩下滑的原因分门别类，比如长期因素、短期因素和主观因素、客观因素等，然后逐个击破。比如，长期因素中长期睡太晚，那么导致记忆力下降、上课犯困从而听讲不认真、注意力不集中，那么我们要做的就是调整作息，早睡早起，以更加饱满的精神和旺盛的活力去听讲；短期因素中可能最近比较焦虑，那么我们可以向老师和同学倾诉、用跑步来宣泄情绪等让自己摆脱阴霾；主观因素里可能是这次因为换考场没有熟悉的同学而感到孤立无援，那经过这次之后下次再碰到这种情况我们就不会再这么慌张；客观因素中这次的数学大题可能比

第 3 篇
向黑暗宣战，前路必定光明

以往难，那么我们就要更加珍惜这次机会，因为这次的错题会更加有价值，就要更加认真地整理错题本等。通过这种多方位、多角度的改变，我相信好的结果会在不知不觉中发生。

成功不是偶然，而是一点一滴的日积月累，是于细微处的不懈打磨。不要小看一次次看似没有直接结果的努力，也不要轻视一个个看似无关痛痒的小问题。无视问题会导致"千里之堤毁于蚁穴"，一点点细小的努力的积累会让成绩"水滴石穿"，我认为我们应该秉持着的态度是"不放过，不放弃"，即坚决不放过一点点暴露出的问题、认真对待、认真改正；坚决不放弃每一点可以实现的努力，"合抱之木，生于毫末；九层之台，始于累土；千里之行，始于足下"。

时光易逝，在本就珍贵易逝的韶华里，留给我们悲叹哀婉的时间不多，我们也不应该把过多的时间放在捶胸顿足上，要迅速地从失落伤心中走出来，这就要求我们要尽可能快地去接受、消化这个成绩"大跳水"的事实，然后把更多的时间花在弥补不足上，这中间可以向周围的人寻求建议或者倾吐心声，同时也要强大自己的心理防御，因为自强才是真正的强大。当我们踏出改变的一小步时，就已经走在通往进步的路上了。

第 4 篇

避开求学路上的"陷阱"

FIRST 1

告别粗心，慢慢来

个人信息

张懿宁　　高考分数：658
毕业于甘肃省西北师范大学附属中学
2019年考入清华大学经济管理学院

寄语

没有人是完美的，但正因为这些不完美，才让我们的每一次进步都值得歌颂。

导读

你是否因为粗心而困扰过？在很多人眼中，粗心是性格使然，仿佛是一个会伴随自己终身的弱点，但真的是这样吗？没有人生来就严谨入微，发生粗心的问题在所难免。不管你是在走马观花中会错了题意，还是在反复斟酌中误入了歧途，粗心都可以通过努力改变，相信自己，你也能成为一个认真全面的人。

第4篇
避开求学路上的"陷阱"

    粗心大意、犯低级错误，好像是每个人在成长路上必不可少的插曲。你可能因为简单的算数问题丢掉了末尾的答案分，也可能因为一个没看清楚就弄错了整张纸面的答题卡。粗心带来的危害可大可小，很多同学也许刚开始并不在意，直到在学习或生活中酿成了严重的后果时才幡然醒悟，可未免有些亡羊补牢之意。我也曾是个粗心的人，经常在看到结果后懊恼不已，但还好，有错能改，善莫大焉。及时改进，在后面的学习中，我更加得心应手。所以，发现问题，改正问题，无须害怕，我们慢慢来。

向上的力量

心态放稳，慢慢来

很多同学出现小错误不是因为他能力不足，而是过于心浮气躁，没有静下心来对待正在做的事。我以前便有这样的毛病，一味地想要提高做题速度，把更多的时间放在大题难题上，对一些小题就草草了事，结果是两边都不能讨好：难题也没做对，简单题又失了分，反而得不到理想的效果。其实，我们大可以不必这么着急，一板一眼、一步一脚印，也能够踏踏实实地走到终点。

拿到试卷后慢慢读题，一边读，一边思考，不遗漏任何一个重要的信息点，不要想当然地妄下结论。在我们的能力没有达到极为可控的程度前，不一定要与周围的人争个先后，做好自己、不留遗憾，才是最重要的事。如果我们的眼光一味地放在旁人身上，那便很容易迷失自我，打乱自己的节奏，因此，在训练完备前不妨慢下来，感受过程中的一点一滴，粗心也就成了一件难事。

当然，也有部分同学的粗心大意是来源于自己的不自信。因为不自信，所以做事情瞻前顾后、优柔寡断，一道题反反复复地检验查错，反而增加了最终结果错误的概率，这样显然是得不偿失的。很多老师都告诉我们，学习训练的最终效果是"一遍过"，即一遍做对，既然你已经进行了充分的前期练习，就应该相信自己能够规避一些低级错误。只有你相信自己，才不会走无谓的弯路。

所以，心态放稳，不要过分急躁，也不要过分胆怯，你走在自己的路上，以努力和积累为资本，就应该有强大的定力面对眼前的难题。所谓"细节决定成败"，听上去令人生畏，但其实完全可以把握，相信自己，一步一个脚印地向前，再麻烦的琐事也能变得清晰，再贪玩的孩子也能变得细心。

计划做细，慢慢来

有的同学可能会问，克服粗心为什么还要做计划？我在前文也提到，粗心造成的后果可大可小，如果你不认真看待它，大意马虎很可能会持续滋养、最终成为你的一种习惯，再要改正可就困难得多。因此，从一开始就应该把粗心当作一种严肃的问题，制订完善的计划，随时跟进反思自己的表现，这样才能减少损失，尽快成长为一个严谨、值得信赖的人。

那么，我们都有什么计划呢？

从我的自身经历来看，首先，在做事之前，做好准备。也许你会说心理素质难以一朝一夕练成，但基础的工具整理却可以反复确

向上的力量

认。不知道你是否有过在考试之前才发现忘带东西的经历，不论是文具还是准考证，都会瞬间让你慌张不已，而这种主观造成的干扰其实是完全可以避免的。制订一个计划，告诉自己考前检查必备工具是一定要完成的作业，就像闹钟一样增加一个外部提醒，便可以大大减少不必要的负面影响。所以，不要习惯性担心自己会出现粗心大意的毛病，只要你前期踏实做了准备，就很少有意外事件的发生，给自己吃一颗定心丸，轻装上阵，方能达到最好的效果。

在做题过程中，思路清晰，下笔也要干净整洁。很多同学考试容易紧张，一紧张写出的字就龙飞凤舞，尤其是在草稿纸上，复杂的计算公式挤在一起，很容易抄错了答案。这是粗心吗？是。但这是难以改正的问题吗？绝对不是。只要静下心来、心平气和地演算，看清自己的每一步过程，大家都能顺利地做到最后。不要抢时间，给自己过大的心理负担，漂亮的答题纸和草稿纸能给自己增加信心，也一定会带来好的结果。

如果在对卷时依然出现了粗心错误怎么办？没有关系，不要焦虑灰心，没有人能保证绝对不出现类似的问题，我们都是在慢慢改善、争取进步的。既然出了错，就及时反思。

我在高考备考时便有一段时间经常出现粗心错误，很大程度削弱了我的自信心，我也害怕会来不及改正，便去向老师寻求帮助。

老师坚定地告诉我，他相信我，也让我相信自己，只要不放弃，总能克服困难。现在我也想这么告诉你们：我相信你们。粗心不是绝症，同样也不是改进后一次两次，就能预见未来的保险，不轻视不畏惧，把它和其他问题同等对待，在每一次的考试中都保持警觉，我相信总会培养出细致认真的习惯，获得质的飞跃。

所以，计划要做细。总结起来就是既有避免粗心的准备，也有面对粗心的勇气，不要怀疑自己，也不要过度大条，制订计划、提上日程，相信你们都会有不一样的发现。我相信，做计划是行动的第一步，只有计划到位，我们才有可能在行为上出彩。

奖惩分明，慢慢来

人是需要被激励的，因为我们在学习中有渴望。当然，在生活中很多事情都存在激励机制，如果我们做得好会得到奖励，那么自然愿意多花心思。如果我们做不好要受到惩罚，那也自然会尽量避免犯错。对待粗心问题也是一样，找到合适的激励方法或许能产生事半功倍的效果。当然，我认为正向的激励引导更值得采用，可能它只是一顿美餐、一次出游或一个愿望，是生活中的一点点小确幸，却都能带给我们把事情做好的动力，并且不会成为负担。做好

向上的力量

了就感谢自己，出错了就下次再来，有劲头、有希望，才是我们面对粗心的正确态度，也是少年该有的勇敢面对不完美的心气儿。

每个人都不是天生细心，不要因为自己出现过粗心大意的问题就焦虑失望。从小学到大学，我已经记不清有多少次丢了不该丢的分，但我始终认为这是可以改正的问题，也十分感谢这些错误的出现。正是因为粗心失误过，才让我不会因为有一点儿成绩就沾沾自喜，才让我不论顺境逆境都能保持淡然的心态坚定前行，全力以赴地创造更好的结果。

别惧怕改正粗心的过程。对于我们学生而言，告别粗心就像一场漫长的旅程，一次次考试就是路旁的站牌，这一路上可能荆棘密布，也可能洒满星光，但不管顺利与否，都要保有最初对自己的信心，勇敢积极地迎接每一个目的地。我们还年轻，可以不问结果，但一定要足够努力，不辜负自己、不后悔出发，便是最大的进步了。

总而言之，不妨从两个方面看待粗心：一方面，它可能是"千里之堤，溃于蚁穴"的危险隐患，我们要时刻保持谨慎，努力改正；另一方面，它又是激励我们不断完善自我的突破口，在每一个产生骄傲自满情绪的时间点给我们降温。因此，不必害怕粗心，也不必苛求自己快速改正粗心，成功之路，要慢慢来。

第 4 篇
避开求学路上的"陷阱"

慢慢放平心态。不过分急躁地想要得出结果,也不唯唯诺诺地害怕下结论,心平气和地审题,信心充足地决定,找到并坚持自己的节奏,早晚能够从容应对失误。

慢慢做细计划。既然要改正粗心,就要拿出做实事的态度来,用制订计划的方法约束自己,考试前做好工具准备,考试中保持思想清晰,考试后及时进行回顾反思,努力做到该做的,真正发挥计划的效力。当然,付出和回报不一定成正比,如果你认为已经做到了自己计划的,那么即使结果不尽如人意、仍然有大意的问题,也不要过度懊恼,任何事情的实现都需要时间,只要坚持去做,总会有拨云见日的一天。

慢慢给予激励。把对抗粗心看作一件有趣有意义的事,为自己找到不懈努力的动力,如此一来,就绝对不会被粗心打倒,只会持续奋斗在严谨认真的道路上。

没有人生来一丝不苟,但你可以努力成为一个认真细心的人。

SECOND 2 学习积极，我从不掉队

个人信息

徐丽博 高考分数：627
毕业于黑龙江省穆棱市第一中学
2018年考入北京大学外国语学院

寄语

登山则情满于山，观海则意溢于海。

导读

站在山头上，情感就好像弥漫了山；在海边看海，想象就好像海水一般地澎湃，刘勰在《文心雕龙》中如是说。文人观察事物全身心投入，积极参与，才能写出动人心魄的文章。不止文章如此，生活中一切皆是如此。参与感强烈、充满内生动力地去做一件事情，效果远远超过充满抽离感、被动地做事。如果说学习有什么秘诀的话，保持积极主动的学习状态绝对算是非常重要的一条。这种

第4篇
避开求学路上的"陷阱"

状态犹如一个buff，能够让你无惧所谓的"重大节点会掉队"的咒语攻击，使学习之路顺畅愉悦。

做课堂上老师的"应声虫"，爽！

《生活大爆炸》里有一个小片段，当被问到"谁因为当老师的应声虫而被欺负过"这个问题时，除了学渣Penny以外，大家都举手了。很多同学看到上课积极参与、主动回答老师问题的同学，都会不屑一顾又酸溜溜地说："就ta积极！"好像回答老师问题是什么羞耻的事情一样。殊不知，这样的心态最终害的是自己。同样，因为顾虑到他人的这种错误想法而放弃参与课堂的人，也会错失很多难得的机会。

从小到大，我都是一个非常喜欢参与课堂互动的学生。到什么程度呢？就是老师都会嫌我很烦。比如说老师问一个诗句是什么意思，我想到答案立马举手，能絮絮叨叨说半天，直到讲到自己心满意足再坐下。等到我想到其他答案，我又会举手站起来再说一会儿。搞到后来，老师看到我举手都要先问下别人："还有其他同学想要回答吗？"等到实在没人回答了，老师才会叫起已经急不可耐的我。不可否认，老师有点恶趣味。但是每次我回答完问题，如果

向上的力量

有可取之处，老师会毫不吝惜地赞扬我，之后我还是会劲头十足地回答问题。如果课堂上遇到了不明白的问题，我也会主动举手问出来。老师给我起个外号——"十万个为什么"。后来我找到这一系列书，全部读完，这本书成为我的科学启蒙，不过读完之后，我想问的问题更多了。

到初中高中也是，我仍然保持着小学的热情，有问必答，哪怕是老师自问自答的问题，我也会在下面用小声给出答案。其实这样做是有好处的，我感觉，我不是在课堂上和几十个学生一起上课，而是和老师在面对面的交谈。多回答问题，老师的注意力就会集中在我身上，我上课的状态就会更加兴奋，老师说什么我也能够记得更加清楚。当然，如果上课溜号儿也很显眼，极容易被老师发现，承受老师毫不留情的"攻击"。

也有同学会说些酸溜溜的话，但是我心比天大，过耳即忘。而且我认为他们之所以不回答老师的问题还嘲笑别人，就是因为他们卑怯无知且充满嫉妒。或许他们知道答案，但是没有勇气在众人面前站出来，或者他们害怕答错无法承受别人的嘲笑；又或许他们根本不知道答案却嫉妒能和老师对话的人。无论哪一点，他们都比不上勇敢地在课堂上举手发言的人，对于这种人的言语，没有必要放在心上。我的这个习惯一直保持到高中，我也强烈推荐大家积极起来。和老师在课堂上积极互动，能够保持较为高涨的情绪，不容易困倦、参与感强烈、记忆效果更好，并且和老师的交流也更为顺畅融洽。

做课下同学的"小老师"，赞！

我高中的时候数学不是很好，面对难题，经常想着想着就忘记想到哪里了，又要重新整理思路，这种感觉特别挫败。

向上的力量

班级上有个学习成绩和我差不多的同学,但他的数学要比我好很多。所以我仔细观察了一下他的学习方法,发现一个大秘密——他特别喜欢给同学讲题。可能是数学课代表的缘故,他每天都会整理出一道导数或者解析几何的题目,在晚自习上课之前站在黑板上给大家讲解。看着他站在讲台上的样子,感觉他的眼睛都在闪闪发光,当讲解到题目的重点和难点时,他就好像正对着什么法国大餐享受一样,思路非常清晰且专注。

于是我也学着他的样子,试着帮同学们分析题目。当众讲解我不擅长的数学还是有些胆怯的,但是不妨碍我私下与前后左右交流。讲之前,自己必须明白,所以就要翻来覆去地想。这个时候思考的目的不单是为了让自己想清楚,还要让别人明白。边想边整理语言,必要时还可能写一些关键词提示自己,然后把自己反复咀嚼了十几遍的思路和语言输出给别人,把别人教会,自己满足了,题目也吃透了,两全其美。就这样讲个十来道,此类题目你就会了如指掌,何乐而不为呢?

为考试而焦虑,不可耻!

我是彻头彻尾的考试焦虑型选手,每次为考试复习到焦头烂额

第4篇
避开求学路上的"陷阱"

的时候，我就非常羡慕那些看起来轻松愉快的同学。有的时候我连表面上的平和都维持不了，焦虑会由内而外地浸透到我身体的每一个角落。

每次大小考试之前，在自习课、午饭晚饭的休息时间，我经常自己"闭关"。我们教室旁边的小屋子是用来摆放垃圾桶、拖把之类的清扫用具的。我经常把自己关在屋子里，伴着垃圾桶内复杂的味道，盯着教材上颜色跳跃醒目的荧光笔痕迹和自己龙飞凤舞的笔记，放声背诵。视觉、嗅觉和听觉的刺激，让我暂时地忽略了考前的焦虑，同时也让我对知识点的记忆更加深刻。这样的场景到现在想来还十分难忘。

也正因为焦虑，我反正更加有动力——基本每次考试之前，我都会把要考察的文综、语文内容全部背诵下来，上一阶段英语笔记和数学错题也全部都整理、回顾一遍。

对考试感到焦虑，其实是一种渴望考好、想要积极参与考试的心态。充分利用这种心态，把压力转化为学习的动力，能够让我们的学习表现更加出色。特别是高三，大大小小的无数考试，教材我都烂熟于心，文综试卷都被翻软了，甚至部分资料中间贴合的胶都散开了。这些"战损版"的教材，我不用翻找都能知道知识点所在的位置。

向上的力量

彻彻底底地放松，有必要！

积极主动地玩耍也是一种积极主动的学习状态！人就像是弹簧，学习就像是拉伸，放松就像是收缩，痛痛快快地玩耍就相当于是保养弹簧了。有句话叫"要学就学得踏实，要玩就玩得痛快"，我就属于那种持续性打鸡血、间歇性躺平的类型。

上高中时，有的周末，我突然就会提不起劲头学习，甚至连床都不想起，全部都用来看小说，那真的是彻彻底底地放松，全部心神都沉浸在另外一个世界。等到日落西山，夜幕降临，看到外面漆黑的天色，我就会惊觉："我这一天都干了什么！"这时候拿起作业和课本，却是思路最清晰、最高效的时候。全身心放松后的愉悦感（或者说是罪恶感）会让自己很快心无旁骛地投入学习当中。这种感觉能够保持两三个小时，沉浸式投入学习两三个小时，感觉非常的畅快淋漓。学完，踏踏实实地睡上一觉又是美好的一周。这种间歇性躺平的情况平均两三周便发生一次，也算是我平时积攒压力的一次性爆发吧，爆发完毕，我又能迎接两三周的高涨状态。还是挺庆幸自己有这么一种排遣方式，为我的精神不断地加油、蓄能。

第 4 篇
避开求学路上的"陷阱"

具备这些，你说会掉队？开玩笑！

贵有恒，何必三更起五更睡？最无益，只怕一日曝十日寒！只要你愿意积极参与课堂互动、愿意和同学进行学习交流、主动输出知识、认真对待考试、有彻底放松的方式，并且十几年如一日的坚持，这些积极的状态会让你在重大节点掉队吗？我绝不相信。

其实，也根本没有所谓的重大节点，求学路上处处是险滩，对于大部分处于青少年时期的同学来说，游戏、小说的诱惑力要远远大于知识，坎坎坷坷也是司空见惯，但只要你拎得清，认准目标，付诸行动，没有什么节点不能跨越。前面的方法，都是我在漫漫求学路上，一点一滴摸索出来的，这些小小的经历都是想尽量让"无趣"的学习变得更加有趣。每一次的大考小考都是对自己意志的磨炼，具备这些品质，你不一定立刻变成"学霸"，但是它让你拥有"学霸"的潜力，它会使你具有生生不息的韧劲和近乎完美的自我调节能力，为你的求学之路保驾护航。

THIRD 3 好心态是高效学习的法宝

> **个人信息**
>
> **罗家琦**　高考分数：695
> 毕业于山西省运城市康杰中学
> 2019年考入清华大学交叉信息院

寄语

提高效率，端正心态，高考不是人生的制高点，而是精彩人生的起始点。

导读

在高中三年的学习生活中，我对于学习效率和心态调整方面有不少心得和体会，既有经验，也有教训。通过这篇文章把这些零星的想法整理到一起，希望能对备战高考的学弟学妹们有所帮助。

第4篇
避开求学路上的"陷阱"

高三的同桌是我最好的朋友，他在高三后半学期的考试中成绩几乎稳定在700分以上，语文阅读神奇地总能和答案的点想到一处，英语一个小时交卷满分，数学和理综也是稳定无比。但是，在高考前最后一次模拟考试的时候，他不知什么原因，或许是自满亦或许是压力太大，考试成绩非常差，就连他最擅长的英语完型也错了8个，他沮丧至极，而当时距离高考还有不到一周；到了真正高考的时候，那年的数学题确实有一些比较奇特的地方，出了考场他的情绪就有点崩溃，第二天的理综，他的状态依然没有恢复，总是找不到感觉，心态已经完全"崩"了，最终他以五百多分的成绩加入了复读大军。

"心态崩了"是一句非常流行的话，我们有时候说自己"心态崩了"只是开个玩笑表达自己的震惊（或是大佬卖弱），但有的时候，心态真的会崩，它带给我们的结果有时可能是生命不能承受之重。一上来就讲这么一个惨痛的例子，其实是有我的无限惋惜的，但也是更想让大家理解，心态对于我们有多么重要。

高中的学习压力是非常大的，无论是高考还是竞赛，每一个高中生都要面临极其激烈的竞争以及随之带来的巨大的压力。寒窗苦读12年，最后落在了高考轻飘飘的几张试卷上，怎么把十多年来的积累充分体现，平时的用功固然不可或缺，临场的发挥也非常重要。如何在这种重压之下仍保持一份良好的心态，保证自己不被这沉重的压力压垮呢？我自己还是有一些经验和教训的，很想和你们分享。

坚信有舍有得

所谓"舍得"，有舍必有得，我相信，任何看似不好的事情背后都有好的一面，这就是上天的公平所在。学习也是如此，我相信，有舍必有得。

我以数学为例，如果你在考试的过程中，碰到了一道不会做的题，思考了十分钟还没有一点儿思路，这个时候你是先放下这道题去做后面会做的题，还是要和这道题拼个你死我活？

后一种选择固然是钻研精神，是不抛弃、不放弃精神的完美体现，但绝对不是限时考试内的合理选择。很多时候，尤其是我们紧张的时候（比如高考），也许平常信手拈来的东西都会突然想不起来，这个时候我们一味地强行逼迫自己只会浪费时间，最好的方法是先暂时放弃，不要死揪着这一个点不放，继续往下，也许后面的题目会给原本不会做的题一点儿灵感或思路也说不定。把会做的题目都做完之后再去啃那些"硬骨头"，心里是踏实的，最起码基本的

第 4 篇
避开求学路上的"陷阱"

目标已经达到,即便最后难题没有攻克,我们也不会有什么遗憾了。

在考试的时候一定要拿得起、放得下,我觉得我在这一点上做的一直比较好,五分钟之内没思路的题就先放下回头再做。曾经有一次数学考试题很难,我做填空选择空了五道题,但最后回过头都做了出来,所以暂时放下不是放弃,只是战略性调整做题顺序,实现利益最大化而已。

我们总是习惯性地站在事情的正面,看到的是事情表面的现象,根本不去深层次思考。当我们真正深层次去思考眼前的一切时,我们会发现,有舍才有得。

宠辱不惊

看庭前花开花落,荣辱不惊;望天上云卷云舒,去留无意。试问有多少人能达到这种状态,尤其是在学习这件事情上。试问,如果高考试卷发下来,简单浏览一遍,已经发现多道题目丝毫没有思路,你还能假装没看见,安心的一道一道地做题吗?

你必须在考场上做到泰山崩于前而不变色,无论题目多难都要按部就班地去解决它们,不要因为一道题而毁掉自己的心态。

这个问题其实就是我在高考数学时的切身体会,拿到2019年

向上的力量

数学试卷，先看到导数题是一道几乎被老师们排除的三角函数；倒着往前看选择题中居然没有概率，最后发现竟然出在了21题的位置——一道非常复杂的概率统计题；第5题维纳斯的身高算了两遍也没有得出一个接近的答案。我的心都有些颤抖了！深呼吸，用一分钟的时间平复下情绪，我告诉自己，冷静，冷静，再冷静。

维纳斯算对了，概率也不难，考场上的每个人都一样，有紧张不怕，但是你要学会控制，这个能力绝不是纸上谈兵可以培养出来的，一句可能已经被说了几十年的话其实非常有用："把平常考试当高考，把高考当平常考试。"

第一句话是真的，认真对待平常的每一次模拟考试，就在心里告诉自己这是高考，然后尽全力去做到最好，在模拟考中会遇到各种各样的情况，想一想如果这是高考，你要取得更高的分数，你该怎么做？该怎样调整自己的心态？调整、稳定心态的方法可能是因人而异的，但共同点是无论什么样的方法，都是经过实践得出的，都不是空想出来的，在模拟考试中一次又一次地应对各种可能出现的影响心态的情况，Only practice makes perfect。但第二句只能说它不现实，高考可以说是你人生十几年来最重要的一个节点，不可能不紧张，尤其是刚刚拿到试卷的那几分钟，平时的一个小欠缺在这时都会放大你的紧张，这时候拿出一两分钟时间来稳定情绪绝

第4篇
避开求学路上的"陷阱"

不是白白浪费而是十分必要的，放慢做题速度，认真审题，小心求解，做几道题之后就会找到平时考试的感觉。同样，不管是学习还是生活，当我们遇到重大变故的时候，必要地调整心态、及时地稳定情绪都能帮助我们冷静分析问题，正确做出应对。

我们再问自己如果平时的模拟考试结束之后你会做些什么？对答案、估分是考后学生们乐此不疲的且绝对不会错过的环节，但结束就是结束。做完这些事情来一场酣畅淋漓的乒乓球友谊赛也是我必不可少的，这是我的一种放松方式。考试是一件非常耗费精力的事情，所以之后适当的放松对于缓解心绪是很有必要的，毕竟弓弦一直绷得过紧要么就会松弛、要么就会断掉，劳逸结合很重要。但一定切记放松不是放纵，适度很关键。

此外，就是对待考试成绩的心态。我永远记得老师送我们的一句话："不到高考的最后一刻，一切都是未知。"用这句话来调整对待模拟成绩的心态是再好不过的了，如果你的成绩没有达到你的预期，不要悲伤，不要放弃，因为高考结束之前，你都还有机会。此处不禁又想到了我的同桌，多么优秀的一个人，就因为一次打击而溃不成兵，千千万万的高考大军中真的无法想象有多少这样的人与成功失之交臂。

模拟考试就是为了给高考排雷，模考中犯的错误其实是一笔宝贵的财富，及时修正就是收获；考得不错也不要骄傲，还是那句话，不到高考结束一切都是未知的。谁也不能做出百分之百的保证，意外随时有可能发生，我们要做的就是不卑不亢，宠辱不惊，稳住自己的心态，踏实地做好该做的事情。

保持热爱

为了高考，我们不断反复地去练习，提高自己对于知识的熟悉度和解题技巧的熟练度。这种不断反复其实很容易使人感到枯燥和厌倦，它未必就是我们真的想做的事，但却是我们必须做的事，所以如何才能持续高效地学习呢？

我的方法是让自己对所学的知识产生真正的热爱，不要把所做的练习当成枯燥的重复，而是要把它当成一个温故知新的过程，想一想所学的这些知识有什么样的实际用途，想一想这些知识最初的创造过程……总之，无论通过什么样的方法，让自己对所学的知识产生真正的热爱，就会让学习的过程变得快乐。备战高考很累，我们能做的就是尽量让自己享受这样的过程，痛并快乐着。这样我们在平时的学习中就会充满源源不断的动力，不会丧失斗志、颓废消沉。

第 4 篇
避开求学路上的"陷阱"

提高效率，事倍功半

无论做什么事情，高效率会让人事半功倍，而低效率会让人事倍功半。对于学习尤其如此。身边有些同学，感觉他每天都在非常用功的学习，甚至花了非常多额外的时间去学习，而另一些同学看起来只是在规定的时间里学习，在课余时间快乐地玩耍，结果有些第一类同学的成绩却比不过第二类同学。这显然就是效率的问题。

我自认为高中时的学习效率还是比较高的，在此分享一些我的经验。

首先，在学习和休息娱乐之间划出一条清晰的界限。

无论什么样的学习计划，要想达到预期的目标，就必须有高度的执行力作为保障。妈妈从小就告诫我，该学习的时候就必须认真、专注的学，到了该休息、该玩的时候就别再想着学习，痛痛快快地玩，这样既能学好又能玩好，两全其美。其实个人感觉我高中三年中，最轻松的一年反而是高三。我高三课余时间开始打乒乓球，每天课间操时间、中午下课、下午下课都会去打，在小课间我还和同学一起踢毽子，但到了该学习的时候就忘掉这些娱乐项目，一心一意地学习。

向上的力量

其次，高效利用自己的假期。

假期是最好的查缺补漏和赶超对手的时机。假期要学习，最好别待在家里，去教室里学习，因为在教室的学习状态永远是最好的。同时利用假期的整块时间做一些平时不能一次性完成的任务，比如整理、回顾错题和笔记，或者额外刷几套考试题都是不错的选择。我在高三整整一年除了定期牙齿矫正要去口腔医院之外，几乎没有出过学校，包括春节。平时的每一分努力，都是在为高考增添胜算。

再次，把握住上课的时间，集中注意力。

高中阶段上课听讲是非常重要的，课堂效率很可能是课下效率的好几倍，所以课堂上的时间必须牢牢把握。不要对老师产生意见，尽可能喜欢上自己的老师，毕竟老师能为我们提供尽可能多的帮助。上课时认真做笔记，这是一个非常好的集中注意力的方法，刚开始记得乱没关系，重要的是紧跟老师的思路，不要落下，否则会一步错步步错。

最后，保证充足的睡眠时间。

不要熬夜，不要熬夜，不要熬夜。重要的事情说三遍。高中的学业完全不需要我们去熬夜完成，所以早睡早起，拒绝熬夜，只有保证自己充足且高质量的睡眠，第二天才能够精力旺盛，上面所说

第4篇
避开求学路上的"陷阱"

的一切提高效率的方法才能够奏效。熬夜看似多做了几道题,但极有可能导致第二天浑浑噩噩、神志不清,一整天都无精打采,这时候无论用什么方法效率都很难提高上来,这样真的是得不偿失。磨刀不误砍柴工,只有休息好才能学习好。

保证休息,加强锻炼,提高效率,端正心态,做到这些,高考只不过是一次考试,一场演练过无数次的考试,它不是人生的制高点,而是精彩人生的起始点。

我在清华等你来。

FOURTH 4

克服胆怯，破茧成蝶

个人信息

李梦可　　高考分数：646
毕业于宁夏回族自治区银川一中
2014年考入北京大学医学部

寄语

　　闭门造车，只会花费我们大量的时间、精力。而高中三年，时间就是一切，有外力可借，我们不能不珍惜。

导读

　　在我们平时的学习生活中，要想获得更多的进步，只靠自己闭门造车明显是不够的。有些比较内向的同学可能会很恐惧把自己暴露在别人视线中，这种心理上的小障碍不仅会影响我们的情绪，长此以往，极有可能会让我们的不自信加倍，进而影响学习进步。因此我们需要一些改变，让自己不再害羞，勇敢克服这些心理障碍。

第4篇
避开求学路上的"陷阱"

面对窘境需破茧

试想一下你有没有遇到过这样的情况：觉得自己英语发音不好，但却在课堂上被老师点名用英语表达自己的观点；对刚刚的课上内容有所疑惑，但看着已经被几位好学的同学包围的老师，想上前询问却只能望而却步；本就数学不好却被老师提问说出自己的答案，周围有同学似在轻笑……以上几幅画面相信一定有些同学或多或少地都有体会，对于当事人来说着实可以算得上是"社死现场"，我曾经就是这个当事人。

是的，我害怕当众回答问题，因为怕回答得不完美；我害怕当众读课文，因为怕读得不标准；我也怕单独向老师提问，因为觉得自己还没优秀到一定程度，怕老师觉得自己是在耽误他的时间。

不单是我，其实，这种现象是大范围存在的，只是我们可能羞于和别人讨论这些"窘境"而已。我们总是在自己的情绪中无法自拔，胡思乱想、止步不前。

作为一名有思想的高中生，我对自己还是有一个相对准确的认识的，小学初中时的知识，我们可能自己消化解决就足够，但是面对越来越深奥的学习内容，如果我们不自我突破，永远囿在自制的牢笼中，似蜗牛般前进也不是没有可能，但是想取得高效、长足的发展就非常困难。既然大家都一样，都有困惑和不足，都需要在学习过程中一点一点地收获知识，那我有什么不能拉下面子，又为什么恐惧、害怕呢？

做好准备

我想尽快地挣脱束缚，尽快地寻求改变。为此，我开始行动。

我将那些说不出口的问题大致分为两类：一类是需要我们来回答的，另一类是需要我们来提问的。前一类我们会更容易适应，因为回答是一个被动的过程。我们在学习中已经适应了被动，被灌输知识、被布置作业、被提问等，大家都会认为这是一个正常现象而很容易就接受。可能你会因交出的答案达不到自己理想的水平而有些羞于表达，这一类克服起来比较容易，只需要做好基础知识的储备就会大大改善。相比较而言，后一类情况更难克服一些。因为作为提问者，本身就意味着你已经有了自己的思考，只不过还存在着一些逻辑上的不顺，无法自己说服自己，所以需要老师的指导。但我们往往给自己一种错误的心理暗示——一般课后提问的都是平时学习好的同学，成绩平平的自己会引起老师侧目吗？这其实更多的

第 4 篇
避开求学路上的"陷阱"

是我们出于某种隐秘的自卑感而产生的胆怯。

闭门造车,只会花费我们大量的时间、精力。而高中三年,时间就是一切,有外力可借,我们不能不珍惜。作为一名小小的社恐人士,这些问题必须一一去克服。想法再多,不能迈出第一步,都是徒劳。为了排除这些心理障碍,我是做了大量的准备的。

这包括学习准备——课上知识的熟练掌握,课后的问题准备等。

其实,更重要的是心理准备。首先,要完全收起那一部分因小自卑而胆怯的情绪,怀着自信去提问。我们已经认真听课,那在此基础上进行的思考,也是有一定深度的,即便深度不够,但有疑问就说明我们能发现自己的不足,向老师提问只是我们想提高自己、弥补不足的一个方法,没有任何一个人是天生无所不知、无所不晓的,老师的职责不就是传道授业解惑吗,那么,我们为何庸人自扰,不大胆向前呢?其次,做好答不出、答不好的准备。当你已经有了充分的心理预设,任何结果都不会引起过分的慌乱。做好这些心理准备,我们就已经构建起一道坚固的防线,剩下的就是大胆上前了。即使听到了周围同学的笑声,那也不是嘲笑,学生时代的大家都是充满善意的;退一万步说,就算是一两声嘲笑,又有什么了不起,谁没有马失前蹄的时候,韩信还能忍受胯下之辱呢，何况是这样小小的挫折。

多加练习

有一句网络流行语是"你要悄悄学习，然后惊艳所有人"，对于我们这种容易害羞胆怯的同学是很有用的。

我们在学习过程中的不自信，大多数来源于对知识掌握得不够，其实大学前的这些知识的深度还没有到要拼天赋的程度，基本上用努力就可以弥补同学们之间的差距。所以我们只要自己在课后和课余时间多多练习、多多复习，回答不上的问题多看几遍就会了，读不顺的英语多读几遍就好了，原先觉得难的问题在真正掌握了之后也会觉得不过如此，甚至可能会期待起下一次更难的挑战，这样即使自己弱势的科目也不再是难以跨越的天堑。

努力不仅可以帮助我们克服心理障碍，还会影响我们的性格，让我们变得更加自信、积极。积极是一种力量，能够影响自己和别人，让大家都变得更好。

当然这种独自练习不是指偷偷练习，我们始终要保持大大方方的态度，大家互相讨论，集思广益，更有助于发现自己的不足之处，共同进步。无人同行时便自己督促自己，集中精力，在思考和重复知识点中提升自己。淡然处之,"不以物喜,不以己悲",既不因一次的失误懊恼不已,也不因一次的成功沾沾自喜。

迈出第一步

不管在心里做多久、多完备的心理建设,最终的以及最重要的都是要跨出那实践的第一步,勇敢开口、勇敢地走上讲台提问、勇敢地打开自己畏惧的科目的习题本。

其实有好多我们平时畏惧、胆怯的事情,在我们做出第一次尝试后就会变得没有什么困难,一直以来都是自己在吓自己罢了,勇敢地去破除这种"执念",下边的每一步你都会越来越自信。

我高中时很怵物理。其中有一个学习难点是力学的应用,感觉自己已经完全掌握了力学原理,但是一到题目里却不知道怎么去应用。只要一碰上力学的大题,还没看就已经在心里打鼓了,这无异于还未与敌人交锋便已投降。

深受其扰的我硬着头皮去向老师请教。老师对我没有任何轻视,而且非常欣慰于我的认知和上进。他并没有给我正面答复,但要求我回去先搜集整理尽可能多的力学大题,然后再试着归纳总结一下题目类型,看看会不会有什么发现。回去后,我忐忑地按照老

向上的力量

师的步骤操作一番之后，竟然自己总结出一套规律和模板，以后碰到相同类型的题目就可以直接套用答题思路，这简直让我醍醐灌顶，原本捉摸不透的物理力学不再是一团迷雾。

我的心态也就突然明朗了起来。与老师沟通也好，力学难题也罢，只是个人的畏难心理占了上风、不打自败。当我从这种情绪中抽离出来，实际地去行动、冷静地去分析后，便会发现所有的一切都没有想象中那样难如登天。自此之后，不管是碰到陌生的领域还是先从别人口中听到"难"的情况，我都会先有意识地自己鼓励自己："这并没有你想象中的那么难，只要你平视它，总能有办法解决的。"这种"自我催眠"效果很不错，我不再束手无策，而是勇于尝试，这条路失败了就换一条路，试着试着可能正确的方法就找到了。

总而言之，我也经历过那些认为自己渺小不敢去面对别人、害怕耽误别人时间的事情，这些不敢和害怕，与其说是害怕别人，不如说是害怕自己，害怕自己去做了之后达不到自己想象中的优秀程度，就先对自己产生了失望的预期。所以，要想克服这些恐惧、打破这些障碍，我们必须先从内心自信起来。自信这个词说说容易，要想真的建立起来，其实是一个很艰难的过程，也许过程可能会耗时比较久，但是它的效果是会表现出来的。

第 4 篇
避开求学路上的"陷阱"

我们可以先从一些自己力所能及的事情做起,初步建立起"我能做""我可以"的自信,这样即使是面对后面一些未知的领域,也不会像以前一样那么畏惧。长此以往,这些现在困扰着我们的心理障碍也就不攻自破了。

"古之立大事者,不惟有超世之才,亦必有坚忍不拔之志",自信对于成功来说是不可或缺的先决条件,我们始终要坚定地相信自己是有潜力的,在拼尽最后一丝可能之前,结果都是未知数,克服胆怯,不再恐惧,改变就在发生。

FIFTH 5 深处种菱浅种稻，不深不浅种荷花

个人信息

徐丽博　　高考分数：627
毕业于黑龙江省穆棱市第一中学
2018年考入北京大学外国语学院

寄语

深处种菱浅种稻，不深不浅种荷花。

导读

很多时候，我们所渴望的，并不一定是发自内心向往的，也未必是真正适合自己天资禀赋的。不断加深对自己的发掘和了解，找寻适合自己的道路和方向，再去种菱角、种稻子，抑或是种荷花。学习的道路也是如此，我们要找准努力的方向，不断调整学习策略，直到找到最适合自己的那个方向、那条道路，如此才能事半功倍。

第4篇
避开求学路上的"陷阱"

理科尖子班里艰难求生

自从初中开始,我的脑袋就显现出在数理化方面不大灵光的迹象。那些代数方程、反应式、功率电阻,总会让我听得阵阵发懵。特别是物理,初二的老师上课轻声细语,我早瞌睡连连。苏公曾有一副对联:"提锡壶,游西湖。锡壶掉西湖,惜乎锡壶!"有位高人对了下联:"学物理,如雾里,雾里看物理,勿理物理!"我看完拊掌大笑、拍案叫绝。到了初三,物理换来了一位疾言厉色的老师,加上化学老师的苦口婆心、数学老师的认真督促,我的数理化总算以还凑合的成绩有惊无险地撑过了中考。

升入高中,凭借着相对优秀的其他科目和没有那么差劲的数理化成绩,我侥幸进了全市前几名,进入了当地中学的理科尖子班。

怀着雄心壮志,我准备在第一次月考的时候大展拳脚。但是数理化实在不怎么给面子,狠狠地拽了后腿,我大哭了一场。班级上聚集了来自各所初中的优秀学生,理科老师刚刚把题目写出来,不少人就立刻有了答案。同学们的反应之灵敏,解题速度之快,让我望尘莫及。在不擅长的理科科目课堂上,我俨然成了哑巴,很少有发言抢答的机会,感觉自己被压在地上狠狠地摩擦。但是我们中间

向上的力量

都流传着"学好数理化,走遍天下都不怕"的说法,而且同学们普遍认为,只有理科学不好的人,才会去选择文科。我很害怕自己被看轻,所以即使没兴趣、没天赋也硬着头皮去死磕。

现在想想,那段时光还真是很艰难。我因自身对题海战术无感,觉得题目做多了反而不知道怎么消化,于是就抱着课内的错题本研究了一遍又一遍。但没有兴趣终究是没有兴趣,看那些复杂的理化公式时,我能明显地感受到它的叛逆,它就是不进脑袋,我拼尽全力也很难理解为什么小木块要这样画受力分析,这个化学方程式怎么就配平了。而到了文科,政治中的宏观调控,没错,作用就应该是这样,好清晰;地理、历史,一样的,他们是那样的悦人又悦己。

半强迫地进入了文科班级

好不容易挨到了高一结束的假期,我准备来个"弯道超车",好好搞搞这几门弱科。学着那些理科优秀生,买了不少试卷,但是天不遂人愿,小小的几道选择题往往就能教我重新做人。爸爸是本校的一名高中老师,理科大佬,最擅长的就是物理。晚上,当我觍着脸、赔着笑去找他讨教时,爸爸远远望了一眼题目,慢悠悠地叹

第4篇
避开求学路上的"陷阱"

口气:"闺女,牛顿第二定律的简单运用都不会吗?"辅导了没两天,爸爸拍板,让我开学分班的时候转到文科班级。

起初,我非常非常抗拒——我可不想被当作理科的逃兵,更不想让同学们看轻。一个假期,我都在不断地和爸爸抗争,不断地证明自己能够继续学理科。但是爸爸的决定没有人能够左右,开学后第一周,我灰头土脸地收拾东西,来到了楼上的文科重点班。

来到班级的第一天,班主任就把我拉到办公室,把学年大榜递给我。理科榜第十二名,文科榜第二名,距离第一名综合评分只差3分——这就是我当时的成绩。

我的文科成绩居然这么好吗?内心的震惊冲淡了原本的失落。好吧,既来之则安之。虽然是被老爸的"铁腕"安排到文科班的,但我更喜欢政治、历史和地理也是不争的事实,所以课堂上我听起来很轻松。文科班的老师们也是条理分明、娓娓道来,每次上完课我都觉得受益匪浅、收获良多。在文科班待了半学期,远离了物理、化学之后,我越发如鱼得水,也越发感觉找准了方向。

回想当初之所以不愿意离开理科班级,并不是出于自己多么喜欢、多么适合,而是害怕学了文科之后会被人嘲笑成只会背书、头脑不灵活的书呆子,也担心和原来理科班级的好朋友疏远而已。逆流而上，勇而不果。有的时候你付出了成倍的努力，但就是求而不得，这个时候，反思一下，是不是原本我们的方向就错了。

进入文科班学习一段时间之后，我发现重理轻文真的是人们的一大误区，文科并不是只有背书，其中的逻辑、观点和体系一点也不简单。文科和理科，没有谁优于谁，它们是开拓我们思维视野、丰富我们精神世界的不同方向。我和理科班级的同学仍旧保持很好的关系，在文科班级也结交到了一些亲密的朋友——朋友，就是无论你做了如何取舍，都会永远支持我们的人。

一头扎进漫漫文科学海

学了文科之后，方知文科学习的不易，找准方向是开始，学会方法同样重要。

我们省份的文综，主观题通常分数不会特别高，如果想要保证文综的分数，客观题最好是基本不丢分。而主观题的采分方式是找关键词，所以要发散思维，从题干中分析出若干可以联系的知识点。

政治学科多刷题、多对答案、多听老师讲解是不会错的。高中的班主任就是我们的政治老师，他会每天发给我们一套卷子，只做

第4篇
避开求学路上的"陷阱"

选择题，结束后立刻讲解。讲到哪道题目我都大声地说出自己的答案。做对的话，成就感很强，做错的话，羞愧感也很强。情绪带动记忆，这样我的记忆更牢固，客观题我都是这么啃下的。主观题方面，我通常都会在完课之后重新梳理一遍教材的知识体系，整理成思维导图牢记下来，学到最后，再看一本本的教材，脑子里会自动浮现出含有这本教材的知识树，题目自然迎刃而解。历史、地理的主观题也是差不多的思路，但是它们的客观题有时难度会比较大。记得2017年全国卷上，地理部分有道题目，问为什么两侧的行道树修建得不同，答案居然是因为行政区划不同，令人惊讶。

通过多年的试题总结，我发现除了教材上的内容，其中联系生活实际的部分也是不容忽视的。如果没有生活，不留心观察社会现状，像刚刚上面的问题是很难回答的。所以作为一个文科生，除了在课内掌握这些学习方法以外，还要利用平时的时间广泛地了解身边的社会现实，途径可以是听新闻、社评；看社科方面含金量高的名著；找社科专家的讲座等。

学习方法因人而异，学不懂可能是你的学习方法不对，抑或根本不适合自己的情况。如我一般不断地摸索，不断地思考，不断地总结，再加上足够热爱、足够勤奋，定有所得。

向上的力量

年轻人应多听听长辈的建议

当初进入文科班有多不情愿，高考出分的时候我就有多感谢老爸。

想想当初，我的想法单纯却不成熟，爸爸则是明智而坚持的。他最了解我的秉性天赋，也时刻密切地关注着我的成长。我经常会犯倔，爸爸发现和我讲不通道理的时候，就会用高压手段逼我就范。我比较怂，只要爸爸一凶，我就会老实听话。满腹牢骚地按照爸爸指引的方向做一段时间之后，就会发现爸爸的决定是正确的。

也许不一定每个父母的决定都是正确的，但于我而言，如果当初继续理科的路，我不能想象之后能走多远，却可以想象到热情消退后的黯然离场，所以万分感谢爸爸当年的无情坚决。也希望看到这篇文章的学弟学妹们能够在成长的过程中，多听听父母、老师等长辈们的建议。

正如前文所说，很多时候，我们所渴望的，并不一定是发自内心向往的，也未必是真正适合自己天资禀赋的。多多内观自身，多多听取建议，多多摸索实践，追寻适合自己的方向和方法，才是对自己真正的负责任。

SIXTH 6 大考前遭遇剧烈心理波动的调试方法

个人信息

潘通宇　　高考分数：694

毕业于安徽省萧县鹏程中学

2020年考入清华大学未央书院

寄语

阳光总在风雨后，请相信有彩虹；风风雨雨都接受，我一直会在你的左右。

导读

中考、高考、奥赛……无数的大考横亘在我们的人生道路上，而每一次考试都会在很大程度上影响我们之后较长一段时间的人生轨迹。在这重要关头，难免会出现难以承受的挫折、难以预料的变故、难以靠自身力量调节的心理问题。大考面前，如何通过调整来顺利克服上述问题，保持好心态呢？我将结合自身经历告诉你可行

向上的力量

的解决方法，助你平稳应考，一展宏图！

　　一只只小船在学习的大海上逐梦远航，执着地奔向它们朝思暮想的理想的彼岸。但"行百里者半九十"，当小船快要靠岸时，突然掀起的狂风巨浪很可能会将我们的小船撕裂、掀翻。唾手可得的理想烟消云散，转眼间就只剩下了失望与痛苦的海水……

　　中考、高考等大考，不就是那岸吗？那一只只逐梦的小船，不就是莘莘学子吗？每一次大考的成功，都意味着我们向着梦想更进了一步；每一次成功的靠港，逐梦的小船距离目标的港口也就前进了一分。而大考前的挫折、变故以及由此引发的心理问题，也就是那阻挡在小船和岸边的狂风巨浪。在这重大关头，我们应该如何调整，保证大考中的完美发挥？逐梦的小船又该如何平稳靠岸？

挫折——模考失误不代表能力的剧烈滑坡

　　大考之前，总会有几次模拟考试，其目的一是在于对知识进行最后的全盘检验，方便查漏补缺；二是通过模考的分数与排名预估自己在大考中可能的位置，从而增强自信或敲响警钟。因此，这几次模拟考试就显得尤为关键。这几次考试的结果，不仅会指导最

第4篇
避开求学路上的"陷阱"

后我们冲刺时努力的方向,也会在心理上给我们带来极为重要的影响。

初中时,我的学习成绩比较优异,在学校中的名次总是名列前茅,也有很多次直接摘得榜首。中考之前,学校组织了共计四次模拟考试,前三次考试我都轻松夺冠,基本甩出第二名十余分。这让我信心倍增,也确信自己能够在中考中取得好成绩,甚至冲击"县状元"!

但随后的第四次模拟考试给了我当头一棒。我从第一名直接掉落至十余名,从绝对分数上来看,比之前的平均分数少了五十分左右!我当时就蒙了,"县状元"的梦想、积累已久的自信心瞬间被彻底击碎。汹涌的泪水袭来,流淌过我的脸颊,滴落在我的手心,也在那大海上掀起阵阵波涛。

暗自伤心良久后,班主任发现了我的异常,便上前询问,我向他吐露了我的心事。"肯定是我近期没认真学习,能力严重滑坡了!"最后,我略带笃定地说。

"这可不见得。"班主任笑了笑,对我说。看我仍然在伤心,他便提议一起分析试卷,找寻每道题目的错因,并详细地分类记录下来。经过一番耐心细致的分析后,我无比惊讶地发现,真正因为不会而产生的丢分仅在十到二十分,与之前各次考试无异。出现问题的地方主要在审题和计算错误。例如其中有一道语文题："请分析主人公的心理变化历程。"在答题时我没有多思考，想当然地把给我留下最深印象的那个人物当成了主人公，结果满盘皆输。各种意想不到的计算失误，更是层出不穷。

许久，我若有所思又有些怀疑地说，"那我还有救，是吧？"

班主任一听便乐了，却也不忘笑着提醒我："通过系统的错因分析和反思，我们找到了问题的根源——审题和计算，这是粗心马虎导致，不能一次不理想就认为是自己能力滑坡严重。但是，也要提醒你：审题和计算有时也会造成严重后果，比如这次模考。如果这种情况发生在中考中，又当如何？"

我如梦初醒，立即将全身心的精力再次投入学习中。阵阵波涛平息后，更需要开足马力、鼓足干劲来弥补之前错失的航程。与最后一次模考之前不同，我不再盲目的自信，控制住考"县状元"的激情，而更多专注于发现问题就解决问题的冷静与从容。考前，我自己总结并巩固了审题的方法和注意事项，在计算时也不再急于算出结果去看下一道题的思路，而是步步为营，确保每一步的准确率，并在发现异样时及时复核。经过这样有目的地训练，成绩提升显著。

最后的中考，我没有再出现因为审题和计算失误造成的失分。

第 4 篇
避开求学路上的"陷阱"

而正如班主任所说的那样,我的能力也没有出现滑坡。尽管我没能圆"县状元"的梦想,但是"县榜眼"也差强人意了。

无独有偶,在高考前一个月的第二次模拟考试中,我遭受了高三以来的成绩最低点。当时我哭着去找班主任,问我这个成绩按以往情况能考上什么学校,老师痛心地告诉我:"哈尔滨工业大学。"要知道,我的高考目标一直都是清华,而我也一直都是按照考清华成绩的标准来要求自己的。我一时接受不了,再次和班主任分析了失误的原因。而这次的罪魁祸首是——时钟!

原来我之前一直都习惯于戴手表考试,这样可以准确预判交卷哨音的时间,不会有害怕写不完就收卷的恐惧感。而这次学校为了全真模拟,不让戴手表,只能像高考一样看挂在黑板上的钟来判断时间。对时间控制感的下降导致了我在做题时总是抬头看钟,无法全神贯注,随后,我立刻摘掉手表,刻意练习对于时间的把控能力,彻底解决了这一问题。

未到大考,一切都未成定局。模考的偶尔甚至连续失误,并不能完全代表我们能力有剧烈的滑坡;相反,这很有可能是由于其他主观或客观的原因造成的。但我们决不能掉以轻心,正所谓"无风不起浪",而我们要做的就是要找到这些原因,否则它们会继续作用,从而持久影响我们的考试成绩。我们要对自己的能力充满信心,但也不能盲目乐观,客观深刻地反思自己出错的原因,之后对症下药,在大考前宝贵的时间里将其彻底消灭,相信大考中定能规避风险、斩获佳绩。

变故——再大的变故也不能阻挡逐梦的步伐

古人云:"天有不测风云,人有旦夕祸福。"生活中的变故随时都可能发生。当重大的人生变故与大考叠加,那产生的心理波动将会是惊涛骇浪。

"高考倒计时43天"的字样在黑板上高高悬挂着,教室中静得令人窒息。无声之下隐藏着默默的焦虑:高考的重要性带来的巨大压力,让所有人比以往任何时刻都更加清楚现在流逝的每分每秒意味着什么。无论平时努力与否,在这高考最后几十天的冲刺中,所有人都铆足了全力、开足了马力向前进发。

"通宇!"一声轻声的呼唤打破宁静——是班主任在叫我出去。"通宇,我给你买了奶和一箱水果,近期学习压力比较大,多吃点补补身体。我还要开会,先走了!"说完便匆匆离去。班主任给学生买礼物的反常举动以及说话时慌张的神色引起了我的警觉:似乎事情并没有那么简单。

第4篇
避开求学路上的"陷阱"

正所谓"无巧不成书"。在自习下课后，作为课代表的我抱着一摞作业本来到了办公室。恰逢班主任正在打电话，传来的是我的母亲病情加重的消息（母亲身体不好，一直在接受治疗）。刹那间，怀中的作业本有千斤之重，我一下子跌坐在地板上。恍惚中，"43天"和"病情加重"就像两条暗流，在我内心的小船下面交汇了，瞬间山崩地裂，海水翻腾不息。纷乱的雨点中，小船距离我长久以来的梦想——清华大学仅一步之遥，而这一步，却又宛若天涯。

为什么？为什么要在此时此刻发生如此重大的变故？

我该怎么办？我是应该请假去照顾母亲，还是坚守阵地，实现自己高考的梦想？

突然，一双温暖的大手将我从地上拉起，耳边传来班主任颤抖的声音："通宇，不要难过。事情已经发展到如此，我们也只能接受。振作起来！咱们一起来商量一下之后吧，你有什么打算吗！"

班主任向我传达了父母希望我能够继续在学校中安心学习的心愿；与此同时，班主任也帮我客观分析了两种选择的利弊，并给出了他自己的想法与倾向。刚刚得到消息的我仍然无法平静内心的激动，坚持要到医院看望病重的母亲。但班主任又对我说："通宇，我知道你是一个孝顺的好孩子。但在重大的变故面前，尤其是在像这样重要的时间节点上，更要冷静行事。你母亲暂时没有生命危

向上的力量

险,高考后全天陪护也为时不晚;而且,如果因为你回去照顾母亲耽误了高考,且不说对你之后人生的影响,最难过、最内疚的恐怕就是你最爱的母亲了。你想让她内疚一辈子吗?"

这些话,就如当头一棒戳中我的痛点;更如一枚定海神针,安定了海面。我默默地点了点头,回到了教室。

毕竟是如此巨大的冲击,一时间我还是难以从担心、焦虑中走出来。于是连续几天,我都写了日记,记下来自己一天的心态起伏和思想动态,并在日记中不断劝说自己:担心、焦虑是没有用的,只能浪费自己的精力,什么都无法改变。你能做的,只有静心,全力奋战高考,为梦想而冲!

连续几天的调整和几次与班主任的深入交流,我慢慢平复了心情,开始再次专注于书本。此时距离二模仅剩五天左右的时间,我便以二模为契机冲刺复习,准备用实力向自己和家人证明:我没有被变故打倒!我依旧能考上清华!

也许我经历的变故比书本前的你经历过或将要经历的更为极端,但这也正说明了重大变故是完全可以克服的,更何况更小的变故。大考面前,变故即使会掀起一段时间的狂风巨浪,但也无法阻挡我们逐梦的步伐。在困难、挫折乃至变故面前,流泪、伤心只能助长那惊涛骇浪肆意横行;我们能做的,应该像在《平凡的世界》

第4篇 避开求学路上的"陷阱"

中所言:"精神抖擞地跳上这辆生活的马车,坐在驾辕的位置上,绷紧全身的肌肉和神经,吆喝着,呐喊着,继续走向前去!"

在此时,我们的梦想要更加坚定,头脑要更加冷静,通过写日记等方式跟踪自身的思想动态并及时调整,尽最大可能屏蔽掉一切可能会干扰到学习的想法,尽快回到专心学习的航线上来。

越是最后关头,挫折、变故带来的心理问题造成的影响也就越严重,如何调整,从而保持好心态非常关键。在这样的情况下,"当局者迷,旁观者清",积极寻求老师、家人的帮助,让他们帮我们分析本质、出谋划策,不失为上策。同时,还要重视自身心理状态的反省,找到令自己心理波动的原因,之后尽量去解决或屏蔽这些原因,就能够使得自己再次心静如水。

彼岸就在前方,小船即将靠岸;稳住心中的海水,靠港、登岸、成功!

SEVENTH 7　提高学习效率，学会"用时间"

个人信息

罗杨波　高考分数：644
毕业于广东省东莞市东华高级中学
2020年考入北京大学外国语学院

寄语

星光不问赶路人，时光不负有心人。

导读

你是不是每次打开英语词典就是"abandon，abandon，放弃，放弃……"，有没有每次一开始学习就想戴上耳机听歌，有没有一坐下学习思绪就开始云游四海？这些都是我们学习道路上的绊脚石，降低了我们学习的效率。做出改变吧！让优秀成为一种习惯，用目标为学习生活画上框架，让心随时间流动，在学习中感受知识带来的乐趣。

第4篇
避开求学路上的"陷阱"

"好好看自己的,利用好每分每秒,不要每次打开书都是第一页……"这些话我们应该都不陌生,在自习的时候老师总会强调要提高学习效率,那到底要怎么提高呢?怎么克服在学习时的"无所事事"呢?

在我看来,"熬时间"不如学会"用时间",等待时间的流逝不如利用时间去做好每一件事。接下来,我将和大家分享我与时间、与效率的故事。

做出改变,让优秀成为习惯

在求学之路上,和周边的同学相比,我并不是一个很擅长的人。我的心总是处于浮躁之中,难以安定,倒是学校的各种活动更加吸引我。我将太多的时间花在了社团、迎新或元旦晚会上,经常是自习课或者晚修进行到一半就要跑去排练,而排练之前的学习时间,因为大脑里总想着的是那些动作和台词,所以学习效率其实是很低的。

因为想尽快完成学习任务,所以我将自己写作业的速度提高。且为了赶作业而进行的努力只能是"为了做而做",知识点根本没有好好消化,更谈不上吸收多少。在那段所谓的"辉煌舞台"的时

向上的力量

间里，我的很多学习都是在"熬时间"，将作业尽快完成，熬过学习时间赶快走，其实心早已跑到了体育馆的大舞台上。

那一天，我匆忙做完文综60道选择题后马上起身跑去排练，在路上遇到了历史王老师，他也是我们的班主任。班主任拦住我问："又去排练吗？"我摸了摸后脑勺，有点不好意思地回答："啊，是啊。"出于对自己学习效果的自知之明，我对老师突然的问候很是担心。王老师叫停了我并让我把试卷带到他的办公室对答案，对完以后再去排练。我拿着略显空白的试卷，去了他的办公室，60道选择我错了24道。我讪讪地笑了笑，王老师戏谑地说："你这个试卷这么干净啊，题干的关键词也没画出来，有效信息都不提炼，能做对30道也是不易了呀。从准备活动开始，你就一直这样了，每次写这么快，效率挺高啊。"瞬间，我变得无地自容。

你是否也像我这样，曾被老师这样无情地揭伤疤，也许真的很疼，但总是要有，有这么一个人能告诉我们真相。正是因为这一剂猛药，我开始反思——我好像对于学习效率的理解出现了严重的偏差。我总是用最快速度去应付学习任务，看似每一项都完成了，但是准确率和学习效果并不好，这种情况不就是本末倒置吗？只考虑到了学习的量，以为完成的量足够，便是有了效率，实则不然。而且，我的不认真已经变成了一种习惯，这种坏习惯犹如温水煮青蛙，很难让人察觉，但却一点一点侵蚀到我的骨髓，当不能动弹时早就为时已晚。

我需要做出改变，必须马上改变。我仍然每次晚修都会跑去体育馆，但也不再放弃宝贵的自习时间。我换了一种态度来对待我的作业和小考，不再熬时间，而是珍惜每分每秒。我不再拼命地赶进度，而是努力让自己专注下来，认真去思考每一道题目，去解决每一类问题。

没过多久，我就发现，虽然完成速度确实没有之前那么快了，但是进度上也并没有很拖沓，最重要的是准确率大大提高，从"开门一片红"到只错一两个，学习质量在明显提升，甚至当时边做题边东想西想的坏习惯也不翼而飞。你有像我一样"熬时间"吗？请及时做出改变吧，改变自己的思想，改变自己的行为，改变自己本身就是一种进步。

提高效率，计划先行

初中的每个新学期开始，老师都会给学生发一个计划本。蓝色的封面里面每一页都有计划与总结两项，而这，就是我们老师一直强调的"总结与反思"计划。刚开始，我对这个本子一直持可有可

向上的力量

无的态度，为了应对班主任的检查每天都会敷衍了事在上面做些记录。

确实，在某些自习课上毫无目的的学习，总是感觉每个都应该看一看，一会儿看看语文，一会儿看看数学，可哪个都看了，实际上哪个都没有在大脑里留下印象。不做计划真的是既不能学到持久的知识，又浪费了宝贵的学习时间。可做了计划又如何，计划永远赶不上变化，做计划每次都完不成，这是我最开始的想法。因为我就是这样，每次做了计划以后都会被各种各样的琐事耽误，最终满满的计划表能完成的没有几项，很是打击了自己的信心。

直到有一天，看过一个优秀学生的计划本之后，我受到了极大的震撼。他是我们班主任曾经带过的一名学生，他的计划本并没有满满当当当的"待完成事项"，有也只是三四项，分布在他认为可以自由支配的时间里。计划的下面则是自己对一天的总结以及明天的规划。例如，他会总结今天学过的重要知识点，提醒自己明天复习；写上今天来不及解决的问题，明天是否需要询问老师或同学……

班主任常说：梦想是前进的驱动力，而计划则是前进的路线图。这位学长的计划本已经做到了，但再看看自己的，我开始认真反思了。

第 4 篇
避开求学路上的"陷阱"

我的计划通常是为了"好看",或者说是为了"丰富"。我总是将自己想做的一切都填满,殊不知人的精力是有限的,过多的任务只会让自己疲于奔命。当然,过少的计划也会让"路线图"范围过于狭隘,消磨学习的热情。要想提高效率,一定要提前制订一个恰当的、适合自己的学习计划。我重新拿起蓝色本子,经过认真考量,终于制订出了一份自己的强学计划。

慢慢地,我开始变得不再盲目、没有头绪,自习混乱的时间越来越少,学习也越来越进入状态。每个同学都是一样的,可能你一直都在苦学的路上前行,但是没有方法的学习只不过是白白浪费宝贵的时间。磨刀不误砍柴工,不如先放下书本,审视下自己,制订一份可行的计划,它会让你事半功倍。

注意力集中投入,让心随时间流动

在高中的我,总喜欢随身带着一个Mp3,听着喜欢的歌曲行走在夕阳下的校园长廊。不知不觉就养成了听歌的习惯,而这一个习惯也带入了我的学习之中。在自习课或者晚修的时候,我总喜欢听着音乐学习,哼着陈小春的《好难好难》,笔尖则在导数或圆锥曲线中游走;听着《逍遥游》默写着语文古诗词……

向上的力量

在一次班会上,班主任点了我的名,他说我在第八节自习课花了八九分钟的时间做一道简单的填空题,耳朵上还挂着耳机。我有点哑然,这么慢吗,一道填空题我用了八九分钟?沉浸在音乐世界的我早就被这个习惯荼毒而根本不自知。其实许多人戴着耳机学习,主观意愿是为了用音乐打造一个个人的独立思考空间,但是客观上它已经分散了你在学习上的精力,你的思路无形中已经受到干扰,很多可以速算以及空间想象的地方,已经被歌曲所占据,边听歌边学习会严重影响到我们的学习效率。

一番教训后,班主任开始为我们介绍一个心理学名词——心流。他放了一段视频,讲解了心流是什么,应该如何快速进入心流状态等。那心流状态是什么呢?不知道大家有没有这样的经历,当你在很认真做一件事情的时候,你会处在高度的兴奋与充实之中,会很难被外界打扰,甚至感受不到时间的流动。如果有,那么恭喜你,你进入过心流状态。

我曾经也进入过心流状态,那是在解决数学压轴题时不经意的出现。我个人的感受就是,周围的一切事物似乎都与我无关,大脑中只有我正在进行的事情,周围的一切保持着相对静止的状态,我自己也遗忘了时间的流逝,算出答案后我得到了无比强烈的满足感和成就感。

第 4 篇
避开求学路上的"陷阱"

《中庸》曰:"莫见乎隐,莫显乎微,故君子慎其独也。"这句话强调的是君子要"慎独"。何谓"慎独"?就是在一个人独处,没有旁人监督的时候,也要严格要求自己。学习需要合作,需要向老师、同学汲取营养,但学习更多的时候是自己个人的事情。如今的环境,有着各种各样的诱惑——手机、电脑、电视,我们如果在独处之时仍能保持一颗向上进取之心,抵抗住多方诱惑,方能有所成就。因此,我们也需要让自己进入在一个短暂"失联"的空间,如果你能倾心专注地去学习,定会更加自如地进入心流状态,向时间索取更多。

提高学习效率,就是要在有限的时间里,做出有意义的学习成果。但是,千万不能把忙碌当充实。我曾经就觉得我一定要在自习课上完成晚修的作业,在晚修去拓宽视野,做额外的题目。这看起来将自己的时间利用得很充实,但如若力所不及,其实是在增加自己的负担,反而陷入了只求量不求质的陷阱。

我们讲求效率,但也要让所学的东西真正为我所用。并不是说学习就一定要进入某种固定状态,那只是一个最佳方式。只要我们在这段时间里,有质量地完成自己所期望的学习目标,我想那就是属于我们自己的"心流"。

第 5 篇

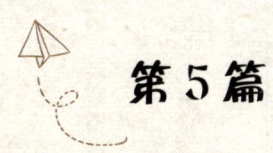

成功，不只是一个人的旅途

FIRST 1

没有对手，就没有高手

个人信息

伍廉荣　　高考分数：**609**
毕业于江西省赣州市南康中学
2014年考入清华大学社科学院

寄语

学习是合作与竞争的统一。

导读

学习从来不是一个人的事情，除了父母、老师的影响外，身边的学习伙伴是对我们学习状态影响最大的群体了，身边的伙伴是良师益友互相勉励，还是各有心思互不关心，对我们学习的影响真的天差地别。非常幸运，我在学习的过程中能有几位互相激励的小伙伴，也有幸加入了非常棒的互助小组，但合作过程中，也会有一些小波折，让学习的过程出现坎坷。

第5篇
成功，不只是一个人的旅途

不可否认，某些同学天赋异禀，智商奇高，能够独自钻研从而成为学习高手，但很遗憾，我不是这样的天才。在小学的时候，我只是一个学习能力平常的学生，上课要认真听讲，课后还要多做练习。但到了初高中，我慢慢成了一个"学习高手"，是什么让我迈出了成为学习高手的第一步呢？这个答案隐藏在与同学的互动中。

拒绝自傲，学会请教

在学校，我们是一个学习集体，学习从来不是一个人的事。学习中，我们除了可以向老师和长辈们请教之外，同学也是我们请教的对象。至圣先师孔子曾说："三人行，必有我师焉。"同学之中必然某些人某些方面是优于自己的，我们也常常能意识到同学的优秀，但往往我们不敢迈出向同学请教的第一步。我们能很自如地向老师或父母请教，但是面对同龄人，却往往止步，这是为什么呢？无非是两个心理障碍，一个是自傲，认为自己什么都知道，拉不下脸去请教同学；另一个则是难为情，不好意思去请教同学，总以为去请教就显得自己无知，别人会嘲笑自己。

我曾经一度自以为是，以为自己无所不知而不屑请教，也曾一

向上的力量

度害羞，不愿展示自己的无知而不愿请教，但在一次经历后，我发现自己大错特错。

我高考数学几乎满分，但是在小学的时候，数学成绩却是惨不忍睹。当时一个班50多个学生，老师顾不过来，家里父母也教不好，而我的同桌却是数学小天才，常常考满分，我几次想要请教，但碍于情面，一直没有问出口。记得那是一次期中考试，试卷发下来的时候，我又一次被打击到，我对着同桌欲言又止，没想到他竟然主动开口，试探性地问我："你是有什么问题吗？"很庆幸那个时刻自己没有回避，我努力地压抑自己的窘态，克服自己的心理障碍，装出很有分寸的样子说出了我对题目的疑惑。出乎意料，请教他人既没有引来别人的注意，也没有引起同桌的反感，相反，同桌非常耐心地和我讨论起题目。

后来他有疑惑也会和我交流，你来我往几次之后，我慢慢地悟出了道理：请教他人不光有利于自己的解惑答疑，对被请教的同学也是一种肯定和激励！跳出自己的心理禁锢，不要拘泥于自身狭隘的心胸，勇于善于请教学习，是向高手学习并成为高手的第一步！

第 5 篇
成功，不只是一个人的旅途

参与小组，学会讨论

特别感谢我的小学语文老师，当时受到老师的鼓励，我们一群爱读书的同学组织起一个读书学习小组，经常聚在一起交流讨论。自己读书的时候，偶尔也会感觉读书是一件无趣的事情，没有激励、没有动力，但是有了小组后，我们非常惊讶地发现原来有那么多人也爱看书，原来我们看过同一本书。在小组讨论中，我们积极参与，热情表达，除了得到更多的反馈外还能得到朋辈的真心激励。随着阅读的精进，我们的语文积累也愈加充实。

除了语文阅读小组外，我也经常自发地组建或者加入一些其他的学习小组，不管是正式的还是非正式的，都让我受益匪浅。在团体学习中，讨论是比请教更高级的学习形式，竞争与合作，输入与输出都会有，这其实就是竞争合作式分组学习法，它能够更加充分地发挥同学合作与竞争和互帮互助的积极性，使得整个小组的收获大于个人，试想面临一个难题，群策群力岂不效率更高？

向上的力量

好为人师，学会解答

不知道大家是否在学习过程中有过这样的想法：如果把自己的解题方法或者学习方法教授给了别人，自己就会吃亏。如果有这种想法，那真是太过狭隘了。藏私是学习过程中最可笑的一种行为，解答别人的问题或者说传授别人知识点，不仅是学习的妙方，还是了解不同思维方式的窗口。掌握和践行费曼学习法比起藏私能够得到的好处要多得多。

费曼学习法源于诺贝尔物理学奖获得者理查德·费曼，他创造的这种学习方法，能够促使人们对事物了解得更透彻。费曼学习法主要有四个步骤，明确概念或知识点，回顾重要知识点，简化复杂的语言并组织语言，最后就是传授给他人。对于很多学习中的知识点，如果我们想确保自己的理解没什么问题，就把它教给另一个人。实际上，检验我们是否真正了解知识点的最终的途径，就是我们是否能把它传播给另一个人。

传授知识能让我们对观点和概念有更为深入的理解，尤其是在理科类的知识方面，譬如数学、物理等领域，由于概念都是抽象的，所以理解会特别困难，但是通过传授别人，我们却能够对这些概念了解得更加深入。

重视学习圈，找好合作者

我的初中学校并不是特别好，仅仅是一个普通县级中学，同学也并非都热爱学习。刚入学时，我曾经一度非常头疼，因为来到一个陌生的环境，以前的学习伙伴都不在，我很是失落，学习状态也受到了影响。但非常幸运的事，我遇到了两个非常要好的学习伙伴。我们怎么认识的呢？答案是"攀比"和好奇。每次年级公布学习排名，我们三个都是不相上下，基于此，虽然不同班，但我们却鬼使神差的同时主动去互相打听对方、关注对方，一来二去，三个人竟然成了非常要好的伙伴。常言道，近朱者赤，好学者往往也愿意跟好学者一起学习。在之后的学习过程中，我们三个人经常互相勉励，共同进步，每次考试后，我们也都会聚在一起复盘，各自总结得失。这种状态直到高中还一直延续，甚至到了大学，我们已经各奔东西，但仍然无比怀念那曾经携手并进、一起学习的时光。

在初中，能够找到很好的学习伙伴，是一件非常难得的事，但要让这种合作关系持久，那么一起学习的几个人就要有一定的优势互补。在合作学习中，不要想着面面俱到，优势互补其实更能帮助我们查缺补漏填短板。譬如我的数学好，那么在一起学习中，我就主要帮助解答数学上的疑难，而且一定是主动去帮助，同时，针对自己的短板，我也不吝请教，积极主动向擅长这个学科的同学请教。

感谢对手：学习高手的必修课

通常我们都是个人主义的，只关注自己的目标实现，感觉与其他同学不存在相互作用，实现自己的学习目标与别人没有关系。但是只关心自己的学习结果，有时候会让我们产生懈怠，缺乏一定动力或者压力。竞争与合作行为才是学习过程中的基本形式，找到一个好的竞争对手只会利大于弊。在竞争中，我们会关注别人的动态，会陷入比较的压力，在这种压力中，反而能迫使我们加倍努力。因此，寻找一个学习上的竞争对手也是十分重要的。但同时，在寻找竞争对手的时候，一定要注意一点，所谓过犹不及，竞争压力必须适度，过度的压力也不利于自己发挥。

一旦竞争对手选定，我们就要将目光转到学习对手身上。通常在合作的目标下，我们会倾向于增加互动，观察对方，学习对方，并且努力取得共同的目标，譬如成绩的进步。但如果我们单纯地一

第 5 篇
成 功 , 不 只 是 一 个 人 的 旅 途

味追求竞争,反而会限制我们的观察和学习能力,会造成一种孤立的世界观,对合作非常抗拒,甚至会产生嫉妒心理。而嫉妒多数时候会是一种不良的情绪和心理状态,嫉妒不能使你进步,有时反而会阻碍你学习他人身上的长处,因此面对竞争,我们一定要正面看待,尝试合作,方能取得长足的进步。

没有竞争,我们可能没有动力去鞭策自己,但一味竞争,我们也无法从合作中吸取更好的经验教训,因此最优的选择是跟你的学习对手合作,即以他人为目标,也以他人为老师,同时也不要吝惜自己的智慧,学会慷慨地为他人做解答,在费曼学习法的实践中更加深入了解知识。在竞争和合作的状态下,学生之间其实更会相互鼓励、相互促进和相互监督,如果你有所成就,那么一定要回过头来,好好感谢你的学习对手。

SECOND 2 每个人的奋斗都值得鼓励

个人信息

张懿宁　高考分数：658
毕业于甘肃省西北师范大学附属中学
2019年考入清华大学经济管理学院

寄语

大道至简，知易行难。

导读

人生路漫漫，每个人的前行路上都需要动力，那么你的动力又来源于何处呢？或许来源于几句对你至关重要的话，或许来源于父母老师对你的鼓励，或许来源于朋友对你的体贴陪伴，无论如何，都希望你能从生活中汲取动力，勇敢向前。

第 5 篇
成功，不只是一个人的旅途

激励的话语铭刻我心

从小到大我听过很多人的鼓励，也得到很多老师同学的支持。但有这样几句话让我印象深刻，激励我在不同的时期不断前行。

"失败是成功之母。"这句话是父母在我很小的时候就不断强调的，对我的少年时代起到很大的激励作用。很多时候我们对前路的畏缩往往是因为害怕失败，但事实上，失败就是成功之母。每一位奥运冠军在夺冠前都经历过无数次的失败，每一位顶级学者在学术过程中都经历了无数的挫折，同样，想要成功的你，在人生路上也要经历很多的坎坷。在学习过程中遇到挫折、起伏是很正常的事情，尤其是在你的少年时光，每一个挫折或许都会被无限放大，但我想说的是人生很长，校园的几年固然很重要，但它只是我们人生的一段旅程，未来的几十年，我们需要继续努力上进但不执拗于成绩单上的数字。

敢于面对失败是我们成功的第一步。失败能够让我们看到自己的问题与不足，在了解了这些问题之后，我们才能解决问题，提升自己；失败能够磨炼心智，让自己拥有更强大的心理素质，遇事更沉稳，在今后有更多的人生起伏时，能够保持积极的良好心态。没

向上的力量

有经历过失败的人生何来精彩？试想如果你的人生从来都是一帆风顺，时间久了也会觉得枯燥；可如果你经历了低谷，那么当你通过努力走上制高点时，就会觉得山顶的风景真美。

很多人觉得我进了清华，肯定是个了不起的小孩，但其实我也经历过很多失败，在高考前我曾考过多次班级倒数，一度失落，成绩也跌跌撞撞一路起伏，有时面对旁人的质疑和自己试卷上大片的红叉，我也曾迷茫和抑郁，但幸好我从未放弃，一直在不断坚持努力。做好自己该做的每一件事，所有的付出迟早会取得回报，所以不要畏惧失败，它将会是你人生中非常宝贵的一笔财富。

记得上初中的时候，我的成绩有了一些波动。当时自己非常沮丧，想到父母对我的殷切期望，觉得自己对不起父母的辛劳，也对不起自己的努力。后来，班主任老师在我的评价手册上写了这样一段话："成绩不代表一切，未来的人生道路取决于你的态度与努力，相信自己，不要气馁，天道酬勤！"

十三四岁的我对"天道酬勤"四个字还懵懵懂懂，但这些话却一直留在了记忆中，激励着我前行。何谓"天道酬勤"？这句《周易》中的卦辞表意是：上天会按照每个人付出的勤奋，给予相应的酬劳。事实也是如此，一分耕耘一分收获，没有一个人的成功是不

第 5 篇
成功，不只是一个人的旅途

劳而获。

　　勤奋努力是一个普通人改变自己人生的最好方式。很多人会有所质疑：我努力了也不一定会成功。但是想要成功你就一定要努力，这是你成功的必需条件。努力是一种拼搏向上的状态，最需要杜绝的就是"欺骗性努力"，很多时候我们会陷入一种表演性的假性努力。这种努力往往是自我麻痹、自我感动，自己每天都觉得在辛勤劳作，但最后的结果往往是身心很累，成绩却提不上去。真正的努力应该是一种积极向上的奋斗精神，只有发自内心地想要进步，下定决心地去努力践行，才是有效的付出，才能够离成功更进一步。

父母的鼓舞温暖我心

从小到大,父母对我们的教诲往往能给我们留下深刻的印象。我的成长经历中,父母的鼓励就一直是鼓舞我前行的动力。

高中时,压力太大,我的成绩也总是起伏不定,我对自己都已经没有信心了,但父母从未放弃过我,总是非常耐心地告诉我坚持下去、相信自己。我至今还记得一次考试失利大哭,妈妈摸着我的头安慰:"相信自己,只要坚持下去,结果一定会好的。"

相信自己,说来容易,需要的却是一种坚定的信念。高中的生活无疑是艰辛的、紧张的,也许它曾给过你无数的打击,也许无数次的让你失望,可它也是我们青春的见证,是我们人生的美妙经历,身处其中的我们曾无比痛苦、无比迷茫,而经历过所有,我们才能收获风雨后的彩虹和成功的喜悦。

"天空不留下鸟的痕迹,但我已经飞过",泰戈尔如是说。我想告诉学弟学妹的便是不放弃的坚定信念。谁的青春不迷茫?不要轻言放弃,不要向困难认输,更不要因为成绩、分数不理想而放弃努力拼搏。上天不会漠视每一个人的努力,你认真刷过的每一道题目,精心背过的每一篇课文,耐心整理过的每一个知识点,

第 5 篇
成功，不只是一个人的旅途

专心听过的每一堂课，用心思考过的每一个问题，都将成为你的财富。

曾经我也总不相信努力一定有收获，不愿相信奇迹会发生在有准备的人身上，当奇迹真的像梦一样却又十分真实地发生在自己身上的时候，我才真的相信父母所言——努力不会白费。这三年来的种种过往，最终的尘埃落定，是相信自己的付出就有回报给了我"涅槃"的机会。同样，当你努力过后成绩依然不见起色，请不要放弃，坚持下去，拼搏努力，不负自己，不负韶华，别说自己不行，相信自己，一切皆有可能。

除此之外，父母还鼓励我遇到困难要坚持下去。"坚持"二字，看似容易，实则很难做到。每次我觉得很累、很艰难、心志开始动摇的时候，我的父母总会适时出现，带给我最温暖的鼓舞："只差一点点了，再坚持一下，你离成功已经很近了。"

有句话说得好：世上无难事，只怕有心人。想让自己有美好的未来，就必须在该努力的时候坚持付出，而不是选择安逸。一件事情如果半途而废就不能算真正的成功，学习更是如此。就比如我们制订一个学习计划，最难的部分其实是如何能够坚持践行计划。纸上谈兵终觉浅，绝知此事要躬行，在学习中，坚持不懈地"躬行"才能帮助我们实现进步，除此之外没有他法。

向上的力量

朋友的支持给我力量

高中时，同桌和我是非常要好的朋友，我们俩经常一起自习，一起讨论问题，一起做题，一起上课。在我低落的时候，她常对我说："一起加油！一起考到北京！"我们年纪相仿、感受相同，朝夕相处的过程中，朋友其实更能化解我们的愁绪，他们带给我的常常是最直接的、最细腻的鼓舞与帮助。

友情是患难时的一把雨伞，为我们遮挡风雨；是我们迷途中的一盏长明灯，驱散迷茫的雾霭；是失落难过时的一盏清茶，温暖我们的心灵。我们一起学习，一起进步，和朋友相互激励，两个人在勉励对方的同时也会督促自己更加优秀，我们会发现当身边有一个人和你一起努力学习时，自己会更有动力，更能坚持下去。

高中时我最好的朋友常告诉我："不要气馁，不要难过，你真的很棒！"这样的鼓舞让我在崩溃、忧愁时能够重拾信心，继续前行。不论何时都要对自己心怀信心与勇气，困难面前要想的不是怀疑自己不行，而是要想自己应该怎么做才能做得更好。朋友的鼓励虽然平常，却是我们人生中不可或缺的，是我们勇敢前行的动力。一句"你很棒"的肯定能够帮助我们重拾信心，更加坚定地迈步

第5篇
成功，不只是一个人的旅途

向前。

其实我们生活中有太多能给我们力量的人和事，保持乐观的心态，善于看到生活、学习中的每一点光亮、每一份善意、每一次激励。成功不是一朝一夕的事情，是日久天长的努力才能达到的。希望每一位积极向上、渴望成功的同学都能找到自己努力奋斗的支撑与动力，这是一种非常主观的东西，是自己要尝试找寻与发现的。

送给每一个正在拼搏的学子一句话：最值得你自己去称赞的高考胜利者，不是那些成绩最顶尖的状元，而是在高中三年里成长起来的自信、乐观、坚忍不拔的你，一个涅槃重生的你。不论是儿时懵懵懂懂、憧憬清华北大的你，还是初高中已经有了明确目标、正在努力奋斗的你，都应该享受过程，找到自己奋斗的动力。在这里祝每一位心怀理想的同学实现自己的梦想，得到一个让自己满意的结果，不留遗憾，不负青春。

THIRD 3 桃李不言，下自成蹊

个人信息

于思瑶　　高考分数：640
毕业于辽宁省本溪市高级中学
2018年考入清华大学法学院

寄语

　　走过万千风景，历经人生磨炼，我们深深懂得，最美好的是意气风发的学生时代，最动听的是课堂上老师的讲课声，最难忘的是老师们诲人不倦的身影。天涯海角有尽处，只有师恩无穷期。

导读

　　在我们的成长过程中，除了在家庭父母的陪伴，更多的时间是在学校，在老师的陪伴下和同学们一起成长。可以说老师是我们成长路上非常重要的伙伴，他们不仅教给我们知识，教会我们如何学习，更指导我们怎么成为更健全的"人"。很多同学在上学时，可

第5篇
成功，不只是一个人的旅途

能由于老师过于严厉，会害怕、畏惧，甚至怨恨老师，但往往多年之后却发现最恨铁不成钢的人中从不缺少他们的身影。其实，如果换个角度看老师，就能发现不一样的老师和不一样的自己。

老师：身边的"大伙伴"

大家小时候都被问过这样的问题吧——"你将来想成为什么样的人？""想从事什么样的职业？"而我的答案永远是："我想成为一名人民教师。"直到今天，我都认为教师是世界上最伟大的职业之一，从未有这样一种职业能够把个人的理想价值、民族发展、国家未来这么紧密地结合在一起。我们都说"青年人是国家社会的未来"，而教师正是浇灌培育祖国花朵的园丁。

唐代的文学家韩愈，在《师说》这篇文章中，说道："师者，所以传道授业解惑也。"老师们用自己的爱心和包容、渊博的学识，陪伴着无数孩子的成长。在我的成长经历中，遇到很多影响我一生的老师，他们所教给我的绝不仅仅是怎么计算加减乘除，怎么写作文，如何读单词，更重要的是教会我如何为人、如何处世、如何对待错误、如何认可自己的价值，这些精神和理念，将是我一生的财富，陪伴我日渐成长。

向上的力量

小的时候，我们对于老师多是既尊敬又害怕，我也不例外。但是在老师的悉心教导、耐心帮助之下，我和老师的关系逐渐变成了朋友关系，她是我最为亲密的"大朋友"。

在刚上小学的时候，我遇上的第一位班主任是位年轻的女老师，还没上学之前就听说她认真严格，对待同学们非常严厉。我至今还记得开学的第一天，妈妈牵着我的小手把我带到学校，面对新的环境、新的同学，我非常紧张。在学校门口，我紧紧抓住妈妈的手，不敢放开。这时一位美丽温柔的大姐姐出现在我面前，"是二班的同学吧？来，到老师这边，老师带你找同学们集合，一起去教室。""原来这就是我的老师"，我偷偷地瞄着又在心里暗暗地想，看起来没有那么严厉。

李老师是一位既温柔又严格的老师，她教的学科是数学，这也是我从小到大学的最好的学科了，现在想来，很大一部分功劳就是小学的时候，李老师给我打下的坚定的数学基础。但是小时候，我最害怕的课也是数学课，加减乘除的四则计算看似简单，但是对于刚刚上学的孩子来讲，却总是容易因为粗心大意而出现各种错误。每次算错了题目，李老师都会严肃地给我指出错误，有的时候错的太多，还会罚做更多的题目进行"魔鬼训练"。偶尔，我们会因此对李老师的温柔美丽打个折扣，但是在生活中，她就像阳光，从没有让我们失望。刚刚升入小学，还是有很多小朋友不能尽快适应，每天各种各样的问题此起彼伏，但是李老师从来没有喊过一句累、一句烦。生病时，她细心照顾；有情绪时，她温柔安慰；有问题时，她也从不觉得我们的年记小，思维幼稚，无论何时都耐心倾听、细致作答，她就像一个邻居大姐姐，不仅教给我们很多新鲜的知识，还让我们认识了人间美好。

随着和李老师的不断接触，我们关系越来越近，甚至成了无话不谈的"大伙伴"。十年树木，百年树人，是她陪伴了我的整个小学阶段，是她在我最弱小的时候给了我正确的引领。

良师益友，伴我成长

相信大家都听说过，老师是辛勤的园丁，培养未来的花朵；老师是一支红烛，点燃自己，照亮他人成长的路。在我现在看来，我的成长经历中一大幸事就是遇到的老师都是很好的老师，直到今天我也保持着和老师们的联系，在遇到困难的时候，还是会向他们请教学习。

很多同学可能并不愿意和老师沟通，会觉得和老师有差距、有代沟；很可能把师生关系想成了一种对立的关系。其实老师就像我们的父母、哥哥、姐姐一样，他们陪伴我们的成长，指导我们的学习。想要更好地提升自己，和老师建立良好的关系是非常重要的，第一步就是要勇于沟通，积极地和老师交流。

  我在上初中的时候，因为语文成绩还不错，担任了班级的语文课代表。初二时，班级换了一位男性语文老师，可能由于是男老师的原因，最开始我还是有一些畏惧担心的。但是随着逐渐深入了解，才发现这位新的语文老师是一位非常风趣幽默的老师。后来，我们亲切地称他为"飞哥"。第一个学期结束的时候，"飞哥"还带着我们班级的三位语文课代表一起去学校门口的餐馆吃饭，讨论下个学期的工作。慢慢地，我对于这位新语文老师的印象，从陌生的老师变成了可以一起开玩笑的"大朋友"。

  初三刚开始的时候，我的数学成绩出现了下滑，伴随着中考临近，我每天都处于焦虑、担忧的状态。"飞哥"在了解到我这样的学习情况后，主动找我谈心，甚至说如果有需要，可以先放一放语文课代表的工作，重点是把自己的学习问题解决掉，调整好心态和状态。现在回想，还是会感动于老师对我的关注和关心，它们是帮助我走出困境的重要助力。

  还记得初三后期的时候，全校都是"奋战百日，中考有我"的状态，老师的工作也变得更加的繁忙，备课、上课、批改作业和考试，很多老师都加班到很晚。我的语文成绩一直保持得不错，但是

第 5 篇
成功，不只是一个人的旅途

作文却一直提升不上来，甚至成了当时学习上的"瓶颈"。为了快速提升作文成绩，我每周都坚持写一到两篇作文，想通过不断地训练提升自己的写作能力。我自己每周训练的作文，都会请"飞哥"帮我看看，找出我的问题。但是初三后期，因为看到老师们都太繁忙了，"飞哥"也是每天都加班到晚自习，我就不好意思再让老师帮我分析作文。但是没想到的是，一天晚自习，我去到老师办公室交同学们的作业时，"飞哥"主动问我最近是不是学习任务太多了，为什么没有训练作文，还让我写完之后及时给他看。

那天晚上放学的时候，路过语文组的办公室，老师基本回家了，只有"飞哥"的位置上还亮着灯，我走过去一看，桌上正是我最近写的作文，上面密密麻麻都是他的批改建议。时至今日，这些被认真批改的作文，我依然保留着，这份师恩，也时时令我感动着。

在求学的道路上，珍惜老师的教导，珍惜同学的相助相陪。因为，等到分离，我们会发现，当初自己是多么的幸运与幸福。

新竹高于旧竹枝，全凭老干为扶持

"春蚕到死丝方尽，蜡炬成灰泪始干""落红不是无情物，化作春泥更护花"这样的诗句，很多都是对于老师的称赞。老师可以说

向上的力量

是我们成长路上的一盏明灯，他们所交给我们的绝不只是知识，也有很多人生的道理。

我上小学的时候，班主任最常说的一句话就是"让优秀成为一种习惯"，并且把这句话贴在班级的墙壁上，这句话我现在依然记得，并且成了我坚持的信念，每当我遇到学习或生活的困难，我都会想到这句话。

高三的时候，我有一次模拟考试失利，在高三后期考出来三年最差的成绩，就在我困惑、沮丧、焦虑的时候，我的政治老师告诉我："人生不如意之事十有八九，要相信自己可以。即便未来遇到困难，也要相信自己的价值。"在我读大学的过程中，在清华这样的环境下，我也曾多次怀疑自己的能力和价值，也是这句话支撑我走过每一段困难时期。

感恩

我原想收获一缕春风，您却给了我整个春天；我原想摘取一片绿叶，您却给了我整个森林。在我的成长路上，幸运的是遇到了很多"好老师""好伙伴"，他们陪伴我不断成长，发现全新的自己，坚定内心的信念。师恩难忘，感恩老师。

FOURTH 4 榜样的力量

个人信息

伍廉荣　　高考分数：609
毕业于江西省赣州市南康中学
2014年考入清华大学社科学院

寄语

以铜为镜，可以正衣冠；以史为镜；可以知兴替，以人为镜，可以明得失！

导读

我并没有从小立志考上清华北大，在高中前也不是别人家聪明的小孩，甚至在初中之前我还当过一段时间的"留守孩童"，一度没人管，别说用功学习，让我不调皮捣蛋也算难的。那么为什么我会几乎洗心革面、重新做人般端正自己的态度，自我驱动，主动学习呢？其实就是因为那几个榜样的力量。

向上的力量

树立榜样，唤醒童心

我认为没有人会从小就受到天启而无中生有地立下志向，在早期我们心智不成熟，无法独立思考的时候，志向这类概念其实主要来自外来刺激，其中最重要的刺激就是父母，他们从小教导着、指引着我们，通过正反馈（奖励手段）和负反馈（批评、警戒等）方式，希望我们立大志、用功学习，这个阶段主要是看父母的高明手段和价值观的引导。

而我在小学阶段，其实并没有得到父母很好的教导，小时候记

第5篇
成功，不只是一个人的旅途

得有段时间父母是不在身边的，我由爷爷、奶奶照顾。我的爷爷也是我非常敬爱的对象，他是一个非常勤劳的人，奶奶也非常疼我，但要爷爷、奶奶关心我的学习甚至指导我的学习，可就太为难他们两位老人家了，因此小学时候的我，经常是放养的状态，属于"三不管"小孩——上学不管、放学不管和成绩不管。这样的状态下，我的学习成绩也是属于不上不下的状态，对于学习的态度也是比较平淡，并没有很强的学习欲望，再加之班级学习氛围并不浓厚，如果按照这种情况走下去，我大概率可能会读不下去，早早地就放弃学业了。

但在小学五年级的时候，一个名为"毛润之"的电视剧人物出现了，它是随着《恰同学少年》这部剧进入我的视野的，从此一个榜样慢慢地立在了我的心里。《恰同学少年》讲的是一群有志青年在中国动乱年代风华正茂、励志读书、身体力行的故事，在这部剧中，毛润之即毛泽东，他不是一上来就是领袖，而是一个普通的求学青年。1913年，在湖南长沙，湖南省第一师范中学在教育家孔昭绶校长的带领下，进行教育改革，在办学过程中，吸引了众多才俊，其中19岁的毛泽东以第一名的成绩考入了一师。

毛泽东那时候19岁，而我那时是个小学生，看着剧中的毛泽东，感觉他就是一个哥哥的形象。在剧中，毛泽东真真是一个"学霸"，他将好学和勤奋二字深入实践，好读书，爱做笔记，求知欲极强，如饥似渴地学习着自己感兴趣的社会学知识，简直是一个书痴！同时他也尊师重教，乐于交流，与老师和同学都打成一片，青年毛泽东还积极实践，爱国、报国、救国，在青少年时期就敢率领200名赤手空拳的一师学生军，使用"空城记"，将3000溃兵缴械，挽救长沙城。这部电视剧的叙事仅仅到1918年，后期的历史事件并没有展开，但是这一段"恰同学少年"的意气风发却实在是让儿时的我惊异！还记得在看《恰同学少年》时的我，竟然不自觉地流下了泪，为青年毛泽东以及那一时代的优秀青年们感慨万千，同时我心中似乎有什么东西开始觉醒。

学榜样爱学习，终生践行

在那之后，我突然发觉学习的意义重大无比，不读书、不学习，人何以成长，而且读书的形式也不应局限于学校，如果自己有想法，什么时候都可以学习，但更为重要的是，我有了榜样！

可以说，在看《恰同学少年》之前，我没有真切地感受过由衷敬佩一个人的感觉，但是《恰同学少年》之后，我对青年毛泽东心生敬仰，对他的品行和实践佩服得五体投地，而且尤为相似的是，青年毛泽东是孤身一人在长沙省城求学，虽然能见到父母，但也是假期，这和我小学面临的情景不是很像吗？于是青年毛泽东在剧中的行为举止就成了我效仿的对象。那时的我认准了剧中人物的表现，将其作为楷模，在之后我一改懒散的态度，上课努力集中着注意力听讲，不断地记笔记，下课后不再漫无目的，会主动看课本，同时课外书也成功地引起了我的注意力，对新闻时事也开始产生了巨大兴趣，每天都守着看《新闻联播》，回想起来，真是不可思议。

至今还记得，有一天语文老师见我在看一本关于历史的课外书，便问我是否喜欢历史类的书籍，我点头说是。第二天，老师竟然带来一本厚厚的《资治通鉴》给我，我真是又惊又喜，老师的举动出乎我的意料，于是我倍加珍惜，硬生生地通读了《资治通鉴》，虽然不太懂，但也是让我增长了不少见识。剧中的青年毛泽东至今都是我学习的榜样，甚至在我考入清华的过程中发挥了至关重要的作用。

榜样常新，不断精进

榜样并非一成不变的。榜样更多的是一种理想的人格，实际中，我们常说要以谁为榜样，其实就是领会和模仿学习榜样为人处世的立场、观点和方法，从而让自己也能够在与榜样所处相似的环

向上的力量

境中，及时地做出判断，用于指导自己的实践，因此，我们可以有很多个榜样。在面临不同困境的情况下，不同的榜样带给我们的启示也是不同的。随着我人生阅历的增加，在选择榜样方面，我又有了启发。

高中，我读了卡尔·马克思写的一篇关于青年选择职业的文章。在文章中，他表达了为全人类服务的崇高理想。当时，我心中突然涌起一股久违的钦佩的情绪，就如小学观看《恰同学少年》时，我知道，这又是一个榜样。

这段话来自《青年在选择职业时的考虑》这篇文章，是卡尔·马克思写的中学毕业论文，表达了为人类服务的崇高理想。如果说《恰同学少年》带给我一种青年忧国忧民的情怀，这篇文章则给了我更高层次人生意义的认知，那一刻，我甚至理解了周恩来总理在少年说出"为中华之崛起而读书"时的感情，我为这种崇高而折服，进而感觉到惭愧，同时对当时作为高中生的自己也产生了新的鞭策：我应当为他人、为这个社会甚至这个世界做出点什么贡献。要想做出贡献，那么我自己就得努力提升能力，能力越大，贡献或许越多。抱着这种朴素的想法，我又一次投入自我奋斗中，而这次我的榜样是马克思。

第 5 篇
成功，不只是一个人的旅途

榜样带我进清华

或许是命运或许是机缘，我从来没想到，自己在成长过程中树立的榜样能够帮助我进入清华。为什么这么说呢？真是一系列巧合。

那年高考，我们高中有一个清华大学自主招生名额，在选拔中，因为自己还算用功，成绩还不错，同时日常的学风也让老师印象较好，因此推荐我去清华大学参加自主招生，那是我第一次出省也是第一次进入清华大学。那时自主招生有两场测验，一场是笔试，一场是面试，两场测评的综合得分排名决定了我是否能够获得降分录取的资格。

笔试难度我记得是较为正常的，但面试是我没有过的经历，特别慌张，在回答了一个分析题之后，面试的老师突然问我，我的榜样是谁？这一个问题出乎我的意料，但我却立马脱口而出：毛泽东和马克思。老师们特别惊讶，而我却没有什么迟疑，一一道来我的经历，老师们也才相信我榜样的真实性。随后又问我的理想是什么，这个问题我也对答如流。在面试的最后，我直觉地感受到老师们相信我的阐释，我自问无愧，但也不免十分忐忑。一个月后，我

向上的力量

获得了清华大学最高一档的降分资格。

如果我不是真的从小就有榜样,同时从榜样身上汲取动力,我相信自己不会坚持学习,也走不到清华自招这一步,也更谈不上回答好面试的问题,但更重要的是我也不会有自己明确的方向。

榜样不光是我学习路上的灯塔,也是我人生路上的指路明灯!